Belles maisons
QUÉBÉCOISES

Textes et photos: Yves Laframboise
Design graphique: François Daxhelet
Traitement des images: Mélanie Sabourin
Correction: Ginette Patenaude

Catalogage avant publication
de Bibliothèque et Archives nationales du Québec
et Bibliothèque et Archives Canada

Laframboise, Yves
    Belles maisons québécoises

1. Maisons historiques - Québec (province). 2. Architecture
domestique - Québec (Province) - 18e siècle. 3. Architecture
domestique - Québec (Province) - 19e siècle. 4. Maisons
historiques - Québec (Province) - Ouvrages illustrés. I. Titre.

NA7242.Q8L33 2007   728.0971409'033   C2007-941657-8

Pour en savoir davantage sur nos publications,
visitez notre site: **www.edhomme.com**
Autres sites à visiter: www.edjour.com
www.edtypo.com • www.edvlb.com
www.edhexagone.com • www.edutilis.com

09-07

© 2007, Les Éditions de l'Homme,
une division du Groupe Sogides inc.,
filiale du Groupe Livre Quebecor Média inc.
(Montréal, Québec)

Dépôt légal: 2007
Bibliothèque et Archives nationales du Québec

ISBN 978-2-7609-2404-7

DISTRIBUTEURS EXCLUSIFS:

• Pour le Canada et les États-Unis:
MESSAGERIES ADP*
2315, rue de la Province
Longueuil, Québec J4G 1G4
Tél.: 450 640-1237
Télécopieur: 450 674-6237
* une division du Groupe Sogides inc.,
    filiale du Groupe Livre Quebecor Média inc.

• Pour la France et les autres pays:
INTERFORUM editis
Immeuble Paryseine, 3, Allée de la Seine
94854 Ivry CEDEX
Tél.: 33 (0) 4 49 59 11 56/91
Télécopieur: 33 (0) 1 49 59 11 33
Service commandes France Métropolitaine
Tél.: 33 (0) 2 38 32 71 00
Télécopieur: 33 (0) 2 38 32 71 28
Internet: www.interforum.fr
Service commandes Export – DOM-TOM
Télécopieur: 33 (0) 2 38 32 78 86
Internet: www.interforum.fr
Courriel: cdes-export@interforum.fr

• Pour la Suisse:
INTERFORUM editis SUISSE
Case postale 69 – CH 1701 Fribourg – Suisse
Tél.: 41 (0) 26 460 80 60
Télécopieur: 41 (0) 26 460 80 68
Internet: www.interforumsuisse.ch
Courriel: office@interforumsuisse.ch
Distributeur: OLF S.A.
ZI. 3, Corminboeuf
Case postale 1061 – CH 1701 Fribourg – Suisse
Commandes: Tél.: 41 (0) 26 467 53 33
                        Télécopieur: 41 (0) 26 467 54 66
                        Internet: www.olf.ch
                        Courriel: information@olf.ch

• Pour la Belgique et le Luxembourg:
INTERFORUM editis BENELUX S.A.
Boulevard de l'Europe 117,
B-1301 Wavre – Belgique
Tél.: 32 (0) 10 42 03 20
Télécopieur: 32 (0) 10 41 20 24
Internet: www.interforum.be
Courriel: info@interforum.be

Gouvernement du Québec – Programme de crédit d'impôt pour
l'édition de livres – Gestion SODEC – www.sodec.gouv.qc.ca

L'Éditeur bénéficie du soutien de la Société de développement des
entreprises culturelles du Québec pour son programme d'édition.

Le Conseil des Arts du Canada
The Canada Council for the Arts

Nous remercions le Conseil des Arts du Canada de l'aide accordée à
notre programme de publication.

Nous reconnaissons l'aide financière du gouvernement du Canada
par l'entremise du Programme d'aide au développement de
l'industrie de l'édition (PADIÉ) pour nos activités d'édition.

Yves Laframboise

Belles maisons
QUÉBÉCOISES

LES ÉDITIONS DE L'HOMME

De L'ART de construire québécois

Cet ouvrage présente des maisons incontournables qui captivent les historiens et les spécialistes de l'architecture ancienne du Québec. Elles ont été construites par les colons venus de France ou leurs proches descendants qui, appliquant les techniques de construction en vigueur dans leur pays, ont instauré les premières traditions architecturales au Québec.

Ces maisons sont réparties un peu partout sur le territoire, mais surtout concentrées dans de très anciennes zones de peuplement où la pierre était le matériau de prédilection. Remarquablement conservées, elles témoignent de l'intention de leurs constructeurs de léguer une œuvre susceptible de traverser les siècles.

Nous suggérons des promenades dans le temps, dans des coins de pays riches en histoire et intéressants du point de vue architectural. Les personnes désireuses de faire l'acquisition d'une maison ancienne et de la rénover y trouveront une source d'inspiration et celles qui veulent simplement admirer ces joyaux apprécieront leurs découvertes à leur juste valeur.

Nous vous souhaitons donc la bienvenue dans un univers ouvert sur le passé, mais encore bien présent.

Aux **SOURCES** de l'architecture
rurale québécoise

La maison paysanne

Dès le début du XIXe siècle, dans les années 1810-1820, la vallée du Saint-Laurent garde l'empreinte de la colonisation française commencée depuis près de deux cents ans. Cette présence humaine se manifeste sur les rives des principaux cours d'eau de la vallée : le fleuve Saint-Laurent et la rivière Richelieu, mais aussi le long de cours d'eau moins importants, comme les rivières Chaudière et Saint-François.

La grande vallée du Saint-Laurent, au caractère essentiellement agricole, présente de nombreuses maisons paysannes en pierre, largement inspirées des traditions et techniques de construction françaises. Mais, sous l'influence de nouvelles techniques et de courants esthétiques venus d'Angleterre et des États-Unis, ces habitations seront bientôt remplacées par de nouveaux modèles architecturaux.

Cent mille maisons !

Vers 1850, année d'un recensement détaillé au Bas-Canada, on est en mesure d'établir la distribution des maisons dans la vallée du Saint-Laurent, et, surtout, leur répartition quantitative dans l'espace. Excepté les agglomérations importantes de Québec et de Montréal, on compte environ cent mille maisons sur le territoire rural.

La majorité de ces maisons étaient en bois et beaucoup sont aujourd'hui disparues. Par contre, les maisons en pierre, prisées par les familles d'agriculteurs qui se succèdent sur une même parcelle de terre, ont mieux résisté au passage des ans et aux rigueurs du climat grâce à la durabilité de leurs matériaux de construction.

Il est donc possible de comparer, pour certaines localités, le nombre de maisons en pierre recensées au début du XIXe siècle et le nombre de maisons en pierre toujours debout aujourd'hui. Généralement, ces valeurs sont à peu près semblables. Sachant que la construction de ces maisons a pratiquement cessé après 1850, une seule conclusion s'impose : le parc immobilier en pierre en place au début du XIXe siècle nous est parvenu à peu près intact. Si ces maisons, aujourd'hui, nous semblent peu nombreuses, c'est tout simplement parce que beaucoup de nouvelles maisons se sont ajoutées partout.

Des maisons de pays

La majorité de ces maisons se trouvent encore aujourd'hui sur leur site d'origine et leur situation particulière sur le territoire s'explique par des facteurs géographiques et historiques. La localisation correspond aux plus anciennes zones de peuplement, en bordure du fleuve Saint-Laurent, et à la disponibilité de la pierre, matériau premier pour la construction de ces maisons. Ces deux facteurs combinés expliquent la distribution de ces maisons dans l'espace, qui se vérifie encore aujourd'hui par l'observation sur le terrain.

Ces habitations, tributaires des ressources qu'offre le sol, parsèment notamment toutes les anciennes zones de peuplement où la pierre calcaire est exploitable, c'est-à-dire facile à trouver en surface. Dressons-en une liste sommaire, mais assez précise : Montréal, l'île Jésus, la rive sud de Montréal (Longueuil, La Prairie, L'Acadie et Saint-Jean-sur-Richelieu), les régions de Terrebonne, de L'Assomption et de Portneuf, la Côte-de-Beaupré et l'île d'Orléans.

Pourtant, même si la pierre calcaire domine, la pierre des champs est aussi très employée. Ajoutons à ces légères différences de matériaux les exigences du relief, les particularités techniques des entrepreneurs, la répétition d'un modèle local devenu référence, et voilà que se dessinent des silhouettes propres à de petits coins de pays. Ces petits pays se distinguent selon leurs caractéristiques naturelles – îles, plaines, côtes, rives –, mais aussi selon leurs traditions de construire établies par les artisans et les entrepreneurs locaux.

Ainsi, on distinguera un air de famille parmi les maisons de l'île d'Orléans, différentes de celles de Portneuf ou de L'Acadie. Tous ces modèles issus d'une tradition française en mutation locale, construits principalement dans la seconde moitié du XVIIIe siècle et au début du XIXe siècle, sont les premiers d'une architecture vraiment québécoise.

Modèle québécois en devenir

Peut-on esquisser les étapes de cette évolution qui dure à peine plus d'un siècle ? Oui, sans aucun doute. Le plus ancien modèle correspond à des maisons construites *grosso modo* durant la seconde moitié du XVIIIe siècle. Encore empreintes de la tradition française, elles présentent une silhouette massive et sont recouvertes d'un toit pentu à deux versants ou d'un toit avec des croupes. Les cheminées émergent des murs pignons et montrent plusieurs variantes quant à leur nombre ou à leur disposition, symétrique ou asymétrique. À moins qu'il n'y ait qu'une seule cheminée centrale, massive.

La charpente de toit, cet organe interne vital, prouve le rattachement de ces maisons à la tradition française de construire. Comme en France, où la charpente relève d'un modèle séculaire à la fois complexe et massif, destiné à supporter de lourds matériaux de couverture, celle des maisons du XVIIIe siècle de la vallée du Saint-Laurent conserve le même schéma général, bien qu'elle ne supporte la plupart du temps qu'un matériau de couverture léger, le bardeau de bois.

Par la suite, le style de ces maisons deviendra perméable aux influences apportées par l'occupant britannique. Le courant pittoresque, alors à la mode en Angleterre, influencera graduellement la maison québécoise et contribuera à transformer sa silhouette générale pour en faire un cottage de plus en plus identifié à la vallée du Saint-Laurent. Ce type de cottage mériterait le qualificatif de « laurentien », étant donné sa concentration exceptionnelle dans cette vallée. Ainsi, un prolongement du versant de toit au-dessus de la galerie apparaîtra en façade, autre élément apporté par le courant pittoresque. Cette caractéristique se trouvera aussi sur le versant arrière d'autres spécimens. Le débordement des versants de toit n'ira pas au-delà des murs pignons, mais la maison est déjà en transition.

Ce n'est qu'après une troisième étape que la transformation sera complète. Le Pittoresque ayant fait son œuvre, et le classicisme anglais ajoutant sa touche, tous les éléments seront alors réunis pour faire de cette maison un nouveau prototype aux caractéristiques bien connues : versants de toit recourbés à leur base ; débordement des versants de toit faisant corniche sur les murs pignons ; symétrie générale affectant les ouvertures et les cheminées ; rehaussement du solage et grande galerie en façade. C'est ce modèle qu'on qualifie le plus souvent de « québécois », alors qu'il était déjà de plus en plus soumis aux influences culturelles étrangères à son origine.

L'intérieur n'échappera pas non plus au changement. La porte principale, centrale, déterminera la création du vestibule. La finition intérieure des maisons gagnera aussi en raffinement. Les moulures, les meubles intégrés et les escaliers finement travaillés constitueront de plus en plus la norme.

L'apport des techniques de construction anglaises aura pour effet, notamment, de simplifier la charpente de toit. Jusqu'alors dotée de très grosses pièces solidement contreventées, cette charpente adoptera un schéma simplifié dont la composante essentielle sera une ferme comprenant deux chevrons-arbalétriers et un faux-entrait. Ces fermes seront simplement contreventées par les planches de la couverture, disposées longitudinalement.

Vous trouverez donc, dans cet ouvrage, une description des maisons les plus anciennes du Québec. Il s'agit d'une sélection d'habitations remarquables par leurs caractéristiques architecturales et par leur état de conservation.

Si vous souhaitiez les voir de près, dans leur environnement naturel, nous proposons six circuits de découverte dans six régions exceptionnellement riches, six petits pays possédant chacun ses particularités géographiques et historiques et ses habitations typiques.

Vous pourriez aussi être tenté d'en acheter une... À moins que vous ne soyez déjà propriétaire d'une telle demeure et que vous ne vous demandiez comment la conserver dans son état d'origine. En tel cas, nous proposons quelques suggestions, idées et conseils pratiques en ce qui a trait à ces habitations.

Bonne découverte !

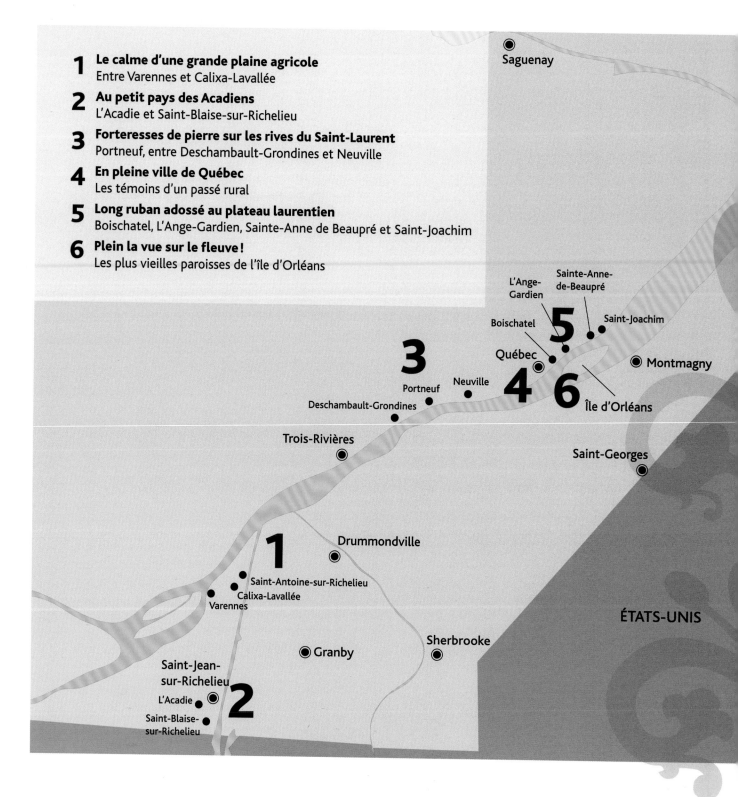

1 **Le calme d'une grande plaine agricole**
Entre Varennes et Calixa-Lavallée

2 **Au petit pays des Acadiens**
L'Acadie et Saint-Blaise-sur-Richelieu

3 **Forteresses de pierre sur les rives du Saint-Laurent**
Portneuf, entre Deschambault-Grondines et Neuville

4 **En pleine ville de Québec**
Les témoins d'un passé rural

5 **Long ruban adossé au plateau laurentien**
Boischatel, L'Ange-Gardien, Sainte-Anne de Beaupré et Saint-Joachim

6 **Plein la vue sur le fleuve !**
Les plus vieilles paroisses de l'île d'Orléans

Saguenay

L'Ange-Gardien
Sainte-Anne-
de-Beaupré
Boischatel
Saint-Joachim

3
Québec
5
Portneuf
Neuville
4
6
Montmagny
Deschambault-Grondines
Île d'Orléans

Trois-Rivières
Saint-Georges

1
Drummondville

Saint-Antoine-sur-Richelieu
Calixa-Lavallée
Varennes

ÉTATS-UNIS

Sherbrooke
Granby

Saint-Jean-
sur-Richelieu
2
L'Acadie
Saint-Blaise-
sur-Richelieu

EXCURSIONS dans les plus
vieux terroirs du Québec

Les pages suivantes résument l'essentiel de la plus ancienne tradition de construire au Québec, tradition qui s'est développée en fonction du sol, des cultures et des ressources minérales. Il sera question de six régions dont la colonisation remonte au XVIIe ou au XVIIIe siècle, où l'on peut contempler les plus vieilles maisons du Québec, celles qui, émergeant d'une tradition française propre à la vallée du Saint-Laurent, ont pris une allure du « pays ».

Le Québec d'il y a deux cents, trois cents ans, celui dont il est question dans les livres d'histoire, se matérialise enfin sous vos yeux par l'effet magique d'habitations surgies du passé ! Il est temps pour vous de quitter les grandes routes pour nous suivre sur les chemins de traverse !

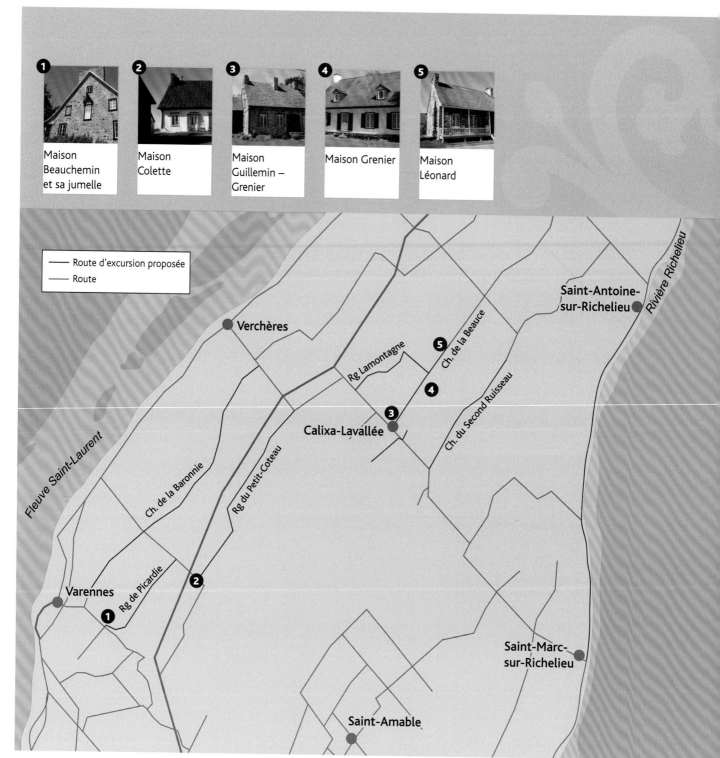

1 Maison Beauchemin et sa jumelle

2 Maison Colette

3 Maison Guillemin – Grenier

4 Maison Grenier

5 Maison Léonard

Route d'excursion proposée
Route

Saint-Antoine-sur-Richelieu

Rivière Richelieu

Verchères

Rg Lamontagne

Ch. de la Beauce

5

4

Calixa-Lavallée

3

Ch. de la Baronnie

Rg du Petit-Coteau

Ch. du Second Ruisseau

Fleuve Saint-Laurent

Varennes

Rg de Picardie

2

1

Saint-Marc-sur-Richelieu

Saint-Amable

1 Le calme d'une grande plaine agricole
Entre Varennes et Calixa-Lavallée

Où mieux chercher le calme et la sérénité des paysages agricoles que dans les anciennes paroisses de Varennes, de Calixa-Lavallée et de Saint-Antoine-sur-le-Richelieu? Même si, au loin, d'inquiétantes structures font craindre des perturbations futures, de grands espaces agricoles sillonnés de chemins et de rangs nous replongent dans un paysage façonné au XVIII\ :e siècle.

Un peu d'histoire...
La région compte de très anciennes paroisses rurales fondées à la fin du XVII\ :e siècle ou au XVIII\ :e siècle. Toutes comprises entre deux cours d'eau dont le rôle fut majeur dans la colonisation de la vallée du Saint-Laurent dès les débuts de la colonie, ces paroisses comptent notamment Varennes, fondée en 1693, Verchères, en 1724 et Saint-Antoine-sur-Richelieu, en 1749. Le territoire actuel de Calixa-Lavallée, lui aussi très ancien, a été détaché de la vieille paroisse de Verchères en 1879.

À ne pas manquer
Dans l'arrière-pays de Saint-Antoine-sur-Richelieu, de Varennes et de Verchères, vous trouverez une riche moisson de maisons très anciennes, la plupart en pierre, dont la persistance semble quelque peu incongrue, dans une région si proche d'une urbanisation tentaculaire liée au développement de la grande métropole. Le chemin de la Baronnie, le rang de Picardie et le rang du Petit-Coteau, à Varennes, le chemin de la Beauce, le chemin du Second Ruisseau et le chemin de la Petite-Côte-d'en-Haut, à Calixa-Lavallée, de même que le chemin Richelieu, au niveau de Saint-Antoine et de Saint-Marc, sises en bordure de la rivière Richelieu, offrent de magnifiques exemples de maisons très anciennes de la fin du XVIII\ :e et du début du XIX\ :e siècle.

Maison Beauchemin et sa jumelle
Varennes

Tous ceux qui s'intéressent à l'architecture québécoise reconnaîtront ici une maison dont plusieurs auteurs ont parlé, sans doute à cause de sa silhouette exceptionnelle. Symbole de l'architecture rurale de la région de Montréal, située dans une région agricole riche et prospère, la maison Joseph-Petit-dit-Beauchemin orne plusieurs ouvrages de Gérard Morisset, pionnier en matière de recensement et de connaissance du patrimoine québécois.

Un article paru dans le *Canadian Geographical Journal* de décembre 1958 traita de cette maison et le Bureau provincial du tourisme du Québec en fit à l'époque un tiré à part. Gérard Morisset y présentait la maison Beauchemin comme un modèle représentatif du patrimoine bâti des rangs de Varennes, de Boucherville et des abords du Richelieu. L'auteur soulignait l'aspect rugueux de la maçonnerie, la grande dimension des cheminées et la disparité entre les fenêtres.

D'une grande superficie au sol, la maison Beauchemin surgit de la plaine agricole, un peu comme la cathédrale de Chartres. Deux immenses souches de cheminées doubles flanquent la large toiture percée de lucarnes. Toute l'ampleur de la maison est révélée par les ouvertures dans le mur-pignon sud : des fenêtres au rez-de-chaussée ; des fenêtres et une porte au premier étage ; et une petite fenêtre à un autre étage correspondant au deuxième niveau du grenier. Cette porte du milieu devait servir à introduire denrées et céréales dans la maison pour les entreposer au-dessus de l'étage habité.

Cette caractéristique, ajoutée aux grandes dimensions de la maison, nous plonge dans une époque d'abondance agricole au milieu d'une plaine fertile.

Cela dit, la maison Beauchemin n'est pas seule dans cette plaine immense. Juste à côté, sa sœur jumelle l'accompagne de sa

← Mur-pignon de la maison Beauchemin, avec sa porte surmontée d'un petit toit à deux versants courbés.

silhouette blanche tachée de gris et témoigne sans doute des liens très proches qui unissaient les premiers habitants de ces maisons. Même si elle est légèrement plus petite, la maison jumelle appartient au même modèle que la maison Beauchemin. Notons qu'un petit bâtiment remarquable occupe la cour arrière, probablement un ancien fournil, d'un intérêt pédagogique unique. Conservé dans son état premier, passablement décapé par le temps, il nous propose une leçon d'architecture rurale ancienne, puisque les éléments de sa structure sont à peu près tous visibles et sont absolument authentiques.

↑ Une seconde maison, jumelle de la maison Beauchemin, occupe un terrain adjacent.

← La maison Beauchemin, vue de face.

Maison Colette
Verchères

Dans les régions de Varennes et de Verchères ainsi que le long de la rivière Richelieu, nombreuses sont les maisons rénovées. Dès le début des années 1970, et même avant, un mouvement de restauration a déferlé sur la région, favorisé par les potentialités touristiques du Richelieu, la proximité de Montréal et la construction de l'autoroute 20. Du fait de ces rénovations, on ne rencontre plus qu'occasionnellement des habitations traditionnelles dont l'état, même défraîchi, nous rappelle encore celui des origines, comme la maison Colette, qui date sans doute de la fin du XVIIIe siècle.

Sise à l'extrémité d'un rang agricole de Varennes, cette maison rurale en pierre présente une silhouette basse, typique du XVIIIe siècle, avec un toit à deux versants. Le versant avant aurait été allongé par un avant-toit, probablement au début du XIXe siècle. La maison est flanquée de bâtiments secondaires en bois et fait face à la plaine agricole de l'arrière-pays.

Le plus étonnant dans cette maison, c'est sa menuiserie. Les chambranles, les contrevents et les contre-portes peints en jaune sont les seules touches de couleur qui animent la façade recouverte d'un crépi usé. Il est très rare de retrouver ces éléments de menuiserie dans un état aussi authentique.

Il faut savoir que les contre-portes et les contrevents ont été largement utilisés au Québec aux XVIIe, XVIIIe et XIXe siècles. Plusieurs modèles ont existé, mais les plus répandus étaient faits de planches retenues par une barre transversale clouée, barrés à queue d'aronde ou à panneaux d'assemblage.

En France, les contrevents et les contre-portes ont persisté jusqu'à notre époque, et il suffit de se promener dans la campagne française pour constater la vigueur de cette tradition. On les observe même sur les constructions

La maison Colette, vue de face.

récentes et les nouvelles habitations. Il est frappant de voir comment, le soir, dans les villages de France, les maisons se referment sur elles-mêmes. C'est comme si les contrevents et les contre-portes étaient garants de l'intimité et de la sécurité.

Au Québec, par contre, les contrevents ont graduellement disparu ou ont été remplacés par des persiennes au cours du XIXᵉ siècle. L'utilisation systématique de la double fenêtre a sans doute contribué à ce déclin. Le sort des contre-portes semble s'être joué bien avant cela, comme le démontrent les documents du début du XIXᵉ siècle, qui en font peu mention.

Ces éléments de menuiserie de la maison Colette ont donc une valeur considérable. Sont-ils d'origine? Sans doute que non, mais leur facture est ancienne. La partie légèrement recourbée du linteau des chambranles traduit une influence fin victorienne, ce qui pourrait les situer à la fin du XIXᵉ siècle.

↑ Il est rare d'observer des contre-portes aussi anciennes sur une maison.

← Les couleurs de cette ancienne grange répondent à celles de la maison.

Maison Guillemin – Grenier
Calixa-Lavallée

Le chemin de la Beauce à Calixa-Lavallée forme un alignement exceptionnel de maisons rurales en pierre, construites pour la plupart à la fin du XVIIIᵉ siècle et dans la première moitié du XIXᵉ siècle. On y trouve plusieurs variantes du même modèle. En général, celles-ci diffèrent par les dimensions du carré, l'emplacement des ouvertures, les cheminées et la pierre utilisée pour les murs.

Le début du chemin de la Beauce est signalé par une imposante maison de pierre accompagnée de sa cuisine d'été. Compte tenu de son emplacement, tout au commencement du chemin, il pourrait s'agir d'une des plus anciennes habitations de la localité.

Pour édifier les murs, le constructeur a utilisé des pierres locales, disponibles çà et là, à la surface du sol. Ces pierres des champs ont une belle surface multicolore ; les taches dans les tons de jaune, de gris et de bleu sont rehaussées par un mortier gris.

Très haute et dotée d'un ample grenier, la maison est couronnée de trois cheminées : une dans chaque pignon, et la troisième au centre du corps principal. C'est sans doute là le signe de l'aisance du premier propriétaire.

Les versants de toit recouverts de bardeaux se terminent par un égout, sorte de retroussement à la base du versant, typique de l'architecture d'esprit français des XVIIᵉ et XVIIIᵉ siècles.

Le carré de la maison est ceinturé dans sa partie supérieure par une sorte de tirant métallique qui maintient l'écartement

La maison, vue de côté, avec son ancienne cuisine d'été.

← Le carré de la maison est ceinturé par un tirant métallique.

↓ La maison vue de face, avec ses nombreuses cheminées.

des murs. Ce problème de stabilité des murs touche occasionnellement les maisons construites sur des sols instables.

Une cuisine d'été en bois, bien proportionnée par rapport au corps principal, prend appui sur le côté. Sa couleur rouge, largement utilisée en Nouvelle-France, se marie très bien à la maison. À cette cuisine d'été s'ajoute une grande remise.

On trouve sur le site quelques dépendances agricoles regroupées du côté sud. Du côté nord, la continuité des habitations est rompue par l'église paroissiale.

Pendant plusieurs années, cette maison a abrité un petit commerce d'alimentation dans la cuisine d'été. L'entrée dotée d'une belle porte ancienne, la galerie en bois, la couleur rouge prédominante et le terrain joliment aménagé faisaient de ce « dépanneur » l'un des plus charmants et des plus pittoresques du Québec.

↑ L'entrée principale : une porte surmontée d'une imposte à petits carreaux.

Maison Grenier
Calixa-Lavallée

Le chemin de la Beauce recèle une concentration exceptionnelle de maisons en pierre, mais aussi de très beaux spécimens en bois construits à peu près à la même époque. La maison Grenier pourrait dater de la fin du XVIIIe siècle, comme le suggèrent son gabarit général, son faible exhaussement et la disposition de ses ouvertures en façade.

La maison est recouverte à l'extérieur de planches verticales, revêtement courant au XVIIIe siècle et au début du XIXe siècle. Les anciens parlaient alors de « planches debout ».

Il arrive aujourd'hui que des propriétaires recouvrent de planches verticales embouvetées l'extérieur de leur maison en bois. Cette initiative tout à fait louable correspond à une pratique traditionnelle fréquente. Mais on doit prendre garde que ce choix ne se retourne pas contre soi. On constate souvent, en effet, des revêtements de planches verticales qui n'ont rien en commun avec les parements traditionnels des habitations anciennes. Les planches peuvent être trop étroites, ou elles ont la même largeur à leurs deux extrémités.

Les versants de toit très marqués se terminent par un avant-toit largement débordant, possiblement un ajout postérieur à la construction de la maison. On peut admirer la grâce de cette toiture et apprécier la finesse de sa silhouette. Une souche de cheminée simple, de couleur blanche, émerge de chacun des murs-pignons. Ce dispositif était suffisant à l'origine pour chauffer le rez-de-chaussée, seul étage habité.

Sur le toit, le propriétaire actuel a choisi comme recouvrement le bardeau de bois, ce qui ajoute à l'authenticité du bâtiment. Des contrevents en bois équipent chaque fenêtre.

La cuisine d'été, très bien proportionnée, a été reconstruite par le propriétaire actuel à partir d'évidences archéologiques. Lors des travaux de restauration, celui-ci a en effet mis au jour les traces des fondations d'une adjonction latérale. Utilisant cette empreinte

← La maison Grenier, en bordure du chemin de la Beauce à Calixa-Lavallée.

← Un christ en croix occupe le terrain du côté nord.

↓ L'atelier du propriétaire, doté de sa lucarne à palan.

pour délimiter le plan au sol de la nouvelle construction, et se guidant sur les marques de l'ancienne toiture encore visibles sur le mur-pignon du corps principal, il a pu restituer un corps secondaire de bâtiment qui s'intègre très bien au corps principal et le met en évidence par un recul marqué.

Une remise en bois complète l'ensemble. Le propriétaire y a logé son atelier de menuise-rie et y entrepose des matériaux. La lucarne à palan, modèle observé par le propriétaire dans la région de Varennes, est une reconstitution.

La maison occupe un vaste terrain amé-nagé où les commodités de la vie quotidienne s'intègrent discrètement aux constructions.

À quelques mètres de la maison, du côté nord, une croix de chemin rappelle la dévo-tion des habitants à une époque où la religion marquait les saisons et les moments importants de la vie. Le Christ en croix n'est pas en bois, mais plutôt fait d'une matière semblable au ciment, sur une armature métallique.

↑ La porte de l'atelier, en planches clouées.

→ Les planches verticales épousent la forme du tronc d'arbre duquel elles proviennent et n'ont donc pas la même largeur aux deux extrémités.

Maison Léonard
Calixa-Lavallée

La maison Léonard illustre bien à quel point les maisons paysannes pouvaient se distinguer les unes des autres et afficher par des détails architecturaux apparemment anodins les différences de rang social ou de richesse de ceux qui les ont construites.

Cela dit, ce ne sont pas les dimensions de la maison Léonard qui la distinguent, puisqu'elle est à peu près de la même grandeur que les autres habitations des rangs environnants, avec son carré de maçonnerie, son toit à deux versants et ses cheminées dans chacun des pignons. D'autres éléments la différencient et la rehaussent. Par exemple, les souches de cheminées sont doubles et ornées de deux cordons de pierre. Or, le cordon de pierre, élément décoratif de profil rectangulaire, nécessite un travail minutieux du maçon, qui doit le proportionner esthétiquement par rapport à la masse de la cheminée.

De plus, si l'on observe les coins de la maison, on remarque que le propriétaire les a enjolivés au moyen de grosses pierres de taille qui forment un chaînage gris qui se détache sur les multiples coloris des murs.

On peut noter aussi d'autres détails de maçonnerie, dont la présence d'un évier en pierre. Son canal d'égouttement émerge d'une des fenêtres de la maison et révèle l'aisance de ses occupants.

Autre détail plutôt rare dans la région : le plafonnement de la galerie avant est constitué de fines planches embouvetées qui forment une voûte sous l'avant-toit. Cette particularité qu'on peut observer dans d'autres régions du Québec, notamment aux environs de L'Islet-sur-Mer et de Sainte-Marie de Beauce, est étonnante ici. Qu'est-ce qui explique la présence de cet élément décoratif à Calixa-Lavallée ? On peut penser, compte tenu de

La maison Léonard borde le chemin principal de Calixa-Lavallée.

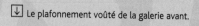 Le plafonnement voûté de la galerie avant.

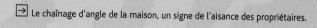 Le chaînage d'angle de la maison, un signe de l'aisance des propriétaires.

l'abondance des détails décoratifs subtils de la maison Léonard, qu'il s'agit là d'une recherche esthétique qui devait correspondre aux goûts de l'époque.

Aujourd'hui, la plupart des éléments de la menuiserie extérieure sont peints en bleu, ce qui ajoute au charme et à l'attrait de la maison.

La maison Léonard, comme la plupart des autres habitations du chemin de la Beauce, jouxte la route. Heureusement, son environnement est bien conservé. Le vaste terrain adjacent contribue à la mettre en valeur dans un décor agricole intègre. S'ajoutent à la maison principale des bâtiments secondaires de construction traditionnelle, situés en retrait à l'arrière.

↑ Les fenêtres de la maison, avec leurs châssis à battants à petits carreaux et leur chambranle simple en bois munis de blocs de coin.

← Le canal d'égouttement de l'évier de pierre.

À titre indicatif, d'autres maisons
intéressantes dans la région

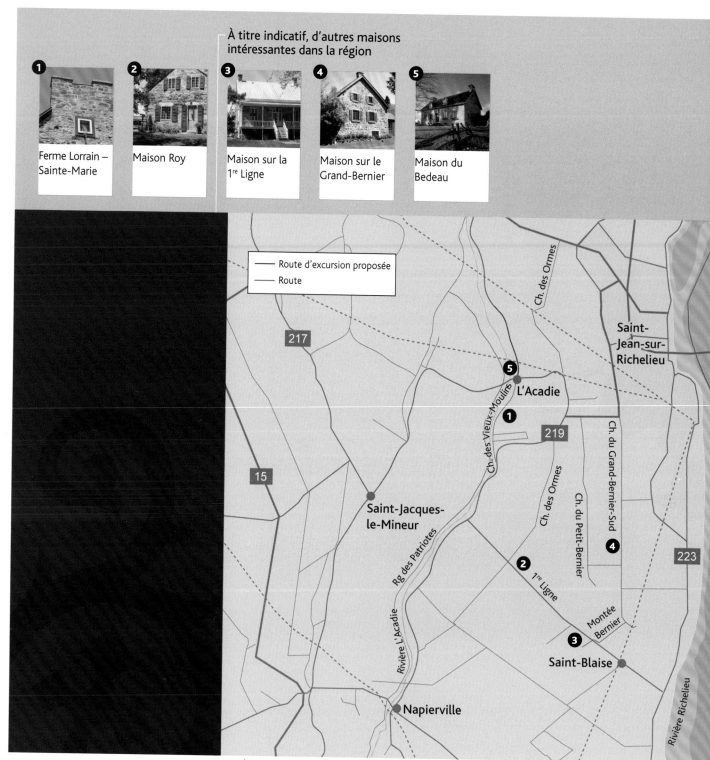

1 Ferme Lorrain –
Sainte-Marie

2 Maison Roy

3 Maison sur la
1re Ligne

4 Maison sur le
Grand-Bernier

5 Maison du
Bedeau

Route d'excursion proposée

Route

217

15

219

223

Saint-Jean-sur-Richelieu

Ch. des Ormes

5 L'Acadie
1

Ch.-des-Vieux-Moulins

Saint-Jacques-le-Mineur

Rg des Patriotes

Ch. des Ormes

Ch. du Petit-Bernier

Ch. du Grand-Bernier-Sud

4

2 1re Ligne

Rivière L'Acadie

Montée Bernier

3 Saint-Blaise

Rivière Richelieu

Napierville

2 Au petit pays des Acadiens
L'Acadie et Saint-Blaise-sur-Richelieu

Située entre Saint-Jean-sur-Richelieu et l'autoroute 15, la région de L'Acadie et de Saint-Blaise conserve encore – mais pour combien de temps ? – ses paysages agricoles qu'on peut admirer le long des chemins, des rangs, et dans les noyaux villageois.

Un peu d'histoire
La création de Saint-Blaise remonte à 1892, à titre de municipalité de la paroisse de Saint-Blaise, laquelle fut fondée en 1847. Quant à L'Acadie, fondée en 1845, elle portait autrefois le nom de Sainte-Marguerite-de-Blairfindie. L'arrivée en 1768 de gens venant de l'ancienne Acadie, aujourd'hui la Nouvelle-Écosse, a suscité les appellations La Cadie, La Petite Cadie, La Nouvelle Cadie, Lacadie, et finalement la graphie a été rectifiée en « L'Acadie » en 1976.

À ne pas manquer
À L'Acadie, il faut voir le noyau villageois constitué des rues des Acadiens et des Forges. Le chemin des Vieux-Moulins constitue un très beau parcours du côté est de la rivière L'Acadie. Les maisons, assez proches de la route, sont faciles à observer. Ajoutez à votre périple le chemin des Patriotes, le chemin du Grand-Pré et le chemin de la Coulée-des-Pères. De L'Acadie, vous pouvez rejoindre Saint-Blaise par la route 219 et accéder, par la rue Principale, au noyau villageois et parcourir les chemins 1re ligne et du Grand-Bernier-Sud notamment.

Ferme Lorrain – Sainte-Marie
L'Acadie

La maison et les bâtiments de la ferme Lorrain, situés sur le chemin des Vieux-Moulins à L'Acadie, constituent un remarquable ensemble agricole en pierre.

Les origines de la ferme remontent à l'année 1779, quand M. Deschambault, oncle de la baronne de Longueuil, concéda une terre de quatre-vingt-dix arpents à Laurent Roy. À cette époque, plusieurs Acadiens s'étaient établis à Sainte-Marguerite-de-Blairfindie, alors que les frères Roy, de Contrecœur, se voyaient refoulés vers l'arrière-pays à cause de la poussée démographique des rives du Saint-Laurent. La famille Roy resta propriétaire des lieux durant un siècle.

Plus tard, en 1972, la propriété passa aux mains de Paul Lorrain et de Dorothée Sainte-Marie qui la restaurèrent en 1980. La maison aurait été construite en 1805, selon une pierre taillée qui porte ce millésime. L'étable en pierre fut érigée en 1851 et la remise, en 1857.

La maison, sorte de bloc massif et trapu, est construite en pierre, selon un modèle qu'on retrouve fréquemment dans cette région, notamment à Saint-Blaise. Des cheminées doubles se dressent sur chacun des murs-pignons. La maison, comme beaucoup d'habitations du début du XIXᵉ siècle, affiche une influence classique, spécialement dans la symétrie de ses

⬅ La maison de la ferme Lorrain.

⬇ La ferme Lorrain comporte, en plus de la maison principale, des bâtiments secondaires exceptionnels en pierre de part et d'autre du chemin public.

ouvertures, tant en façade que sur les murs latéraux.

En plus de la maison, on trouve sur le site une remise, une étable en pierre et une grange en bois. Chose rare à l'époque, les bâtiments en pierre comportent deux étages. Les ruines d'une ancienne écurie subsistent. Nous savons qu'il y avait aussi autrefois une bergerie en bois. L'ensemble était donc assez imposant et révélait l'aisance des propriétaires.

Disposés de part et d'autre du chemin des Vieux-Moulins, les trois bâtiments forment un ensemble exceptionnel dont il ne reste que peu d'exemples au Québec. L'environnement étant particulièrement bien conservé, le visiteur aura l'impression que le temps s'est arrêté en ce lieu magique.

↑ L'entrée principale de la maison, avec son petit perron en bois.

← La façade de l'étable en pierre, à deux étages. Un bâtiment unique.

Maison Roy
Saint-Blaise-sur-Richelieu

Originaire de La Rochelle, la famille Roy s'établit au Canada en 1638. Dès la fin du XVIIIe siècle, trois frères Roy possédaient des terres à bois et une scierie. Selon la tradition orale, la maison Roy aurait été construite entre 1835 et 1837, précédée par une maison en pièces sur pièces.

Le bâtiment est remarquable par la qualité de sa construction et la rigueur de ses formes. Le corps principal est fait de pierres équarries formant des assises très régulières, ce qui donne l'impression, de loin, qu'il s'agit de pierres de taille. La maison est assez exhaussée. Par contre, les ouvertures sont proportionnellement petites, ce qui donne à l'édifice une allure de fortin. Les versants de toit, de pente moyenne, ne comportent aucune ouverture, et seules deux souches de cheminées, disposées symétriquement dans l'axe du faîtage, distraient le regard.

L'étage principal repose sur des fondations surélevées, ce qu'aucune particularité physique du terrain ne semble expliquer. Il faut donc croire à un choix esthétique et fonctionnel. En façade, un perron en pierres taillées donne accès à la porte principale. On note la présence d'un portique intérieur doté de trois marches en pierre, particularité peu commune dans les habitations rurales de cette époque.

Parfaitement intégrée au corps principal, une cuisine d'été en pierre ajoute au caractère massif de l'ensemble. Sa façade avant est percée de fenêtres aux dimensions identiques à celles des fenêtres du corps principal. On

← Une entrée perce le mur-pignon de l'adjonction.

↑ Une belle adjonction de pierre jouxte le corps principal.

accède à cette cuisine d'été par une porte percée dans le mur-pignon.

On observe dans les rangs avoisinants plusieurs maisons du même genre, dont on attribue la silhouette à la famille Roy, qui comptait plusieurs maçons. Ces maisons confèrent d'ailleurs à la région un caractère typique.

Le décor spartiate, limité à la différence de nature des pierres et de leur taille, et la rigoureuse symétrie des éléments architecturaux rattachent cette maison à un courant inspiré du néoclassicisme anglais. Aujourd'hui, une abondante végétation atténue la sévérité de cette construction. Le tout est complété par un aménagement de terrain remarquable. Parterres, bosquets, allée plantée d'arbres, étang et bâtiments secondaires d'époque en bois en font un ensemble plein de charme.

↑ L'entrée principale surélevée et dotée de trois marches intérieures.

← Un beau terrain agrémenté d'accessoires décoratifs.

 Les bâtiments secondaires adoptent les principes de la construction traditionnelle : pièces de bois assemblées à queue d'aronde ou billots empilés les uns sur les autres.

← Un vaste terrain joliment aménagé avec, entre autres éléments, un petit étang.

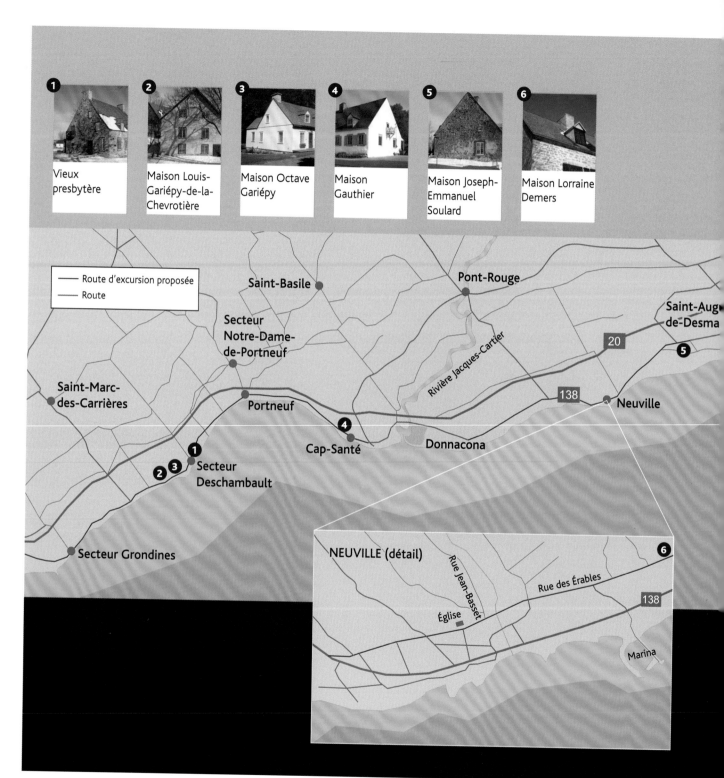

1 Vieux presbytère

2 Maison Louis-Gariépy-de-la-Chevrotière

3 Maison Octave Gariépy

4 Maison Gauthier

5 Maison Joseph-Emmanuel Soulard

6 Maison Lorraine Demers

Route d'excursion proposée
Route

Saint-Basile

Pont-Rouge

Saint-Aug de-Desma

Secteur Notre-Dame-de-Portneuf

Rivière Jacques-Cartier

20

5

Saint-Marc-des-Carrières

Portneuf

138

Neuville

4

Donnacona

Cap-Santé

1

2 **3** Secteur Deschambault

Secteur Grondines

NEUVILLE (détail)

6

Rue Jean-Basset

Rue des Érables

138

Église

Marina

Forteresses de pierre sur les rives du Saint-Laurent
Portneuf, entre Deschambault-Grondines et Neuville

Des rives aux sols fertiles et un sous-sol riche en pierre ont, dans la région de Portneuf, favorisé l'éclosion de véritables forteresses de pierre. Ces maisons, dont plusieurs ont été construites dans la seconde moitié du XVIIIe siècle, avec leurs silhouettes basses et leurs toits pentus, semblent soudées à un sol dont elles constitueraient des émergences ponctuelles.

Un peu d'histoire...

Dans une très ancienne zone de peuplement, dont la première artère vitale fut le chemin du Roy, mince filet de communication terrestre, les paroisses s'égrènent en bordure du fleuve sur une sorte de grande plate-forme dominant le fleuve. Grondines (qui se nomme aujourd'hui Deschambault-Grondines) fait figure d'ancêtre, avec sa paroisse apparue en 1680. Neuville ne fut pas en reste, car elle suivit quelques années plus tard. Puis, au début du XVIIIe siècle, les paroisses de Deschambault et de Cap-Santé ont fait acte de présence, respectivement en 1712 et en 1714.

À ne pas manquer

Les plus intéressantes concentrations de maisons paysannes se rencontrent tout au long du chemin du Roy à Grondines, à Deschambault (Deschambault-Grondines), à Cap-Santé et à Neuville. Dans cette dernière localité, vous trouverez plusieurs maisons intéressantes le long de la rue des Érables, en particulier tout autour de l'église ainsi que sur la pente avoisinante. À l'est du village, un petit chemin pittoresque, ancien vestige du chemin du Roy, comporte quelques spécimens considérés comme des références de l'architecture française au Québec.

Vieux presbytère de Deschambault
Deschambault-Grondines

Le vieux presbytère de Deschambault (qui se nomme aujourd'hui Deschambault-Grondines) est emblématique de l'architecture rurale québécoise de la période française. C'est que, lors de sa construction entre 1815 et 1818 par un entrepreneur de Grondines, on utilisa à peu près le modèle local de maison rurale, malgré sa vocation ecclésiastique.

Le bâtiment occupe un promontoire, le cap Lauzon, qui s'avance comme la proue d'un bateau dans le fleuve Saint-Laurent. Ce vieux presbytère, avec l'église, le couvent, le nouveau presbytère, la salle des habitants et le cimetière enceint de sa clôture de pierres forment l'un des plus remarquables ensembles institutionnels du Québec en milieu rural.

Remplaçant l'ancien presbytère érigé entre 1730 et 1735, l'édifice fut l'œuvre d'un entrepreneur local, Augustin Houde, qui exécuta les travaux entre 1815 et 1818. On s'inspira d'un modèle existant, celui de Sainte-Famille, mais nous ne savons pas s'il s'agit de celui de l'île d'Orléans ou de Cap-Santé. Plus spacieux, le nouveau bâtiment devait loger le curé, les vicaires, et même l'évêque lors de ses visites.

L'édifice reprend le carré de maçonnerie typique du XVIIIe siècle qu'on peut observer dans la région, mais légèrement rehaussé par rapport à celui de la maison paysanne, ce qui permet de construire des pièces d'habitation au premier niveau du grenier. Il est à noter qu'à cette époque, l'amélioration des poêles rend plus facile l'occupation de l'étage.

Très simple, peu décoré, l'édifice adopte les traits architecturaux typiques des habitations rurales de la région: fenêtres à petits carreaux, lucarnes à toit à deux versants, cheminées dans chaque pignon et versants droits sans

⬅ Le vieux presbytère de Deschambault.

↓ L'édifice s'intègre à un noyau institutionnel remarquable qui comporte l'église, le cimetière, le couvent, la maison des habitants et le nouveau presbytère.

avant-toit. Lors de sa construction, l'intérieur comportait vraisemblablement deux salles, plus la chambre du curé au rez-de-chaussée. Au premier niveau des combles se trouvaient quelques chambres supplémentaires.

Dès la fin du XIXe siècle, l'édifice n'était plus au goût du jour. Comme on ne pouvait le modifier qu'à grands frais, on décida de le remplacer par un autre presbytère. Par la suite, le vieux presbytère servit de logement pour des employés de la fabrique, puis on en fit une école de 1895 à 1897, un fournil et un grenier à dîme au début du XXe siècle.

En 1955, son destin se joua, alors qu'un antiquaire de Deschambault, conscient de la valeur du bâtiment, le restaura et l'entretint à ses frais. En 1970, l'édifice devint propriété de la Société du vieux presbytère de Deschambault. Depuis lors, il sert à des fins communautaires et culturelles.

↑ La porte d'entrée, avec ses quatre panneaux et son chambranle très discret.

→ Le chambranle des fenêtres à petits carreaux est semblable à celui de la porte principale.

Maison Louis-Gariépy-de-la-Chevrotière
Deschambault-Grondines

À quelques kilomètres à l'ouest du village de Deschambault, la maison Louis-Gariépy-de-la-Chevrotière prend place dans un charmant site tout à côté de la rivière La Chevrotière.

Autrefois, l'ancien chemin du Roy dessinait à cet endroit une courbe prononcée et enjambait la rivière La Chevrotière à quelques centaines de mètres du fleuve. La maison occupe le fond d'une sorte de cuvette naturelle que cet ancien chemin ceinturait. On dirait un hameau, d'autant plus que le moulin de La Chevrotière domine le décor de son imposante stature. Un joli ponceau enjambait la rivière il y a quelques années, mais une violente crue l'a détruit.

Dans un décor toujours enchanteur, la maison Louis-Gariépy-de-la-Chevrotière avoisine une sinuosité de la rivière sur un petit plateau inférieur. Des arbres, un cours d'eau impétueux et la proximité d'édifices remarquables mettent en valeur ce magnifique spécimen d'architecture rurale de la vallée du Saint-Laurent. Il possède la silhouette typique des cottages laurentiens érigés un peu partout dans les rangs de campagne, à compter des premières décennies du XIXe siècle, mais il se distingue par plusieurs caractéristiques liées à sa forme, à ses matériaux et au parti qu'il tire du relief.

Sur la façade de la maison, ouvertures et esses s'ordonnent selon une rigoureuse symétrie, observable aussi sur le mur-pignon ouest. On dirait que tout a été mesuré, ajusté et réglé pour une mise en scène impeccable. Les souches de cheminées encadrent la toiture selon le même équilibre, et les lucarnes du toit, pourvues d'une petite croupe, participent à l'effet général par leur emplacement choisi.

La maison Louis-Gariépy-de-la-Chevrotière, à proximité du moulin de La Chevrotière.

↑ Les murs-pignons montrent une abondante fenestration symétrique.
Les plus grandes fenêtres sont celles du rez-de-chaussée.

Les larges débordements de l'avant-toit en façade et des rives du toit sur les murs latéraux rappellent les influences du mouvement pittoresque et les formes de certaines habitations de l'Inde et de la Chine. Ces détails atténuent l'austérité des façades.

Le matériau principal, le calcaire gris, est en quelque sorte la signature régionale de la maison. Le premier propriétaire a choisi de souligner l'importance de la façade avant. De belles pierres sédimentaires grossièrement équarries, à la surface irrégulièrement ondulée, sont montées en assises et contribuent à la prestance de la maison. Sur les autres façades, des moellons de forme irrégulière composent les murs.

Érigée à même une pente, la maison comporte une cave de bonne hauteur à laquelle on accède par une porte latérale. La maison présente donc un niveau en façade et deux niveaux à l'arrière.

Sur la façade avant, une pierre sculptée, encastrée au-dessus de la porte principale, indique l'année probable de la construction de la maison, 1823, et renferme les initiales « LGDL » de Louis Gariépy de la Chevrotière, premier propriétaire de la maison.

⬆ La porte d'entrée principale, avec les initiales du premier propriétaire dans la partie supérieure.

➡ Sur le terrain, à l'arrière, une petite remise en bois.

Maison Octave Gariépy
Deschambault-Grondines

Même si, au début du XIXe siècle, la vallée du Saint-Laurent compte environ 75 000 petites maisons rurales en bois, il nous est difficile aujourd'hui d'imaginer leur apparence, ou bien parce qu'elles ont disparu, ou bien parce qu'elles ont subi des modifications qui les rendent méconnaissables.

Contrairement à ce qu'on pourrait croire, les procédés de construction en bois utilisés par les colons venus de France étaient très variés. Les bâtiments les plus simples avaient des murs en rondins, des pieux plantés directement dans la terre. À ce procédé sommaire s'ajoutaient plusieurs techniques utilisant le bois équarri. On connaît ainsi les maisons construites au moyen de pièces verticales (en « poteaux debout »), de pièces verticales alternant avec des espaces remplis d'argile et de paille (colombage pierroté), et de pièces verticales alternant avec des espaces remplis de brique (colombage briqueté). La plupart de ces procédés ont disparu au cours du XVIIIe siècle,

au fur et à mesure qu'on adaptait les maisons aux rigueurs du climat.

L'utilisation de simples pièces de bois équarries, disposées les unes sur les autres, a rapidement pris le dessus pour des raisons de commodité et d'abondance de la ressource. Les pièces peuvent s'emboîter à des angles divers et selon une variété d'assemblages, ou se terminer par un tenon qui s'ajuste dans la coulisse verticale d'un poteau. La dimension des pièces peut varier : certaines ont une section carrée, d'autres sont plus proches du rectangle et s'apparentent ainsi au madrier.

La plupart de ces maisons qui subsistent aujourd'hui sont construites en pièces sur pièces. Graduellement, elles ont été recouvertes d'un matériau de protection, le plus souvent des planches verticales.

Cette petite maison de bois, dont l'ossature des murs est de pièces sur pièces, représente bien ce modèle d'habitation typique de la vallée du Saint-Laurent. C'est un petit

← La maison Octave Gariépy, petit carré de pièces recouvertes de planches verticales.

← Cette dalle destinée à recueillir l'eau de pluie a été refaite avec un soin particulier. Selon le propriétaire actuel, le secret de sa bonne conservation serait l'entretien annuel au moyen d'imperméabilisant Thompson's...

↓ La maison comporte une petite adjonction arrière.

carré de faible hauteur, surmonté d'un toit à deux versants de pente moyenne. À l'exception de la souche de cheminée en pierre calcaire, tout est en bois à l'extérieur : revêtement de planches verticales sur les murs et les pignons ; bardeaux de cèdre sur les versants de toit. Les chambranles illustrent bien un modèle simple, fréquent au début du XIXᵉ siècle, dont l'élément corniche, surmonté d'une planchette inclinée, sert de renvoi d'eau.

Le propriétaire a eu le souci de remettre à la base des versants de toit une dalle en bois destinée à recueillir l'égouttement pluvial. On remarquera la finesse des équerres de métal qui soutiennent cet élément à la fois fonctionnel et pittoresque.

Une petite adjonction perpendiculaire au corps principal complète l'ensemble et se fond au corps principal par l'utilisation des mêmes matériaux. Seul le jeu des volumes la distingue.

La tradition familiale situe la construction de la maison Octave Gariépy à l'année 1736.

Des lucarnes à toit à deux versants percent le versant avant de la maison. Le tambour d'hiver s'harmonise à la maison par le matériau, la couleur et le revêtement du toit.

Maison Gauthier
Cap-Santé

Cap-Santé est l'une des plus vieilles paroisses de la région de Portneuf. L'ouverture de ses premiers registres remonte à l'année 1679 et l'érection canonique, à 1714. À l'origine, la paroisse de Cap-Santé englobait un vaste territoire correspondant aux paroisses de Saint-Basile et de Sainte-Jeanne-de-Pont-Rouge.

Aujourd'hui, Cap-Santé est moins étendu qu'autrefois. Sa place de l'église en bordure du fleuve, ancien carrefour stratégique donnant accès au quai et à la gare en contrebas, occupe un plateau étroit, contraint par deux talus de forte pente. À ce premier ensemble s'ajoute l'ancien tracé du chemin du Roy qui traverse la place de l'église. Le territoire comprend aussi plusieurs rangs d'arrière-pays où l'on trouve d'anciennes habitations de ferme, généralement du XIXe siècle.

Les abords de l'actuelle route 138, dont plusieurs sections correspondent à l'ancien chemin du Roy, ont vu s'ériger au XVIIIe siècle de nombreuses maisons en pierre à silhouette massive, typiques de la région, caractérisées par des toits pentus et de grosses cheminées en pierre, souvent centrales. Ces maisons ne forment pas des alignements continus. Au contraire, selon une ancienne parcellisation, les habitations étaient fort distantes les unes des autres.

La maison Gauthier, bel exemple de ces habitations anciennes, s'inscrit dans la tradition locale par ses murs épais en moellons de calcaire recouverts de crépi, ses versants pentus et son importante souche de cheminée située dans l'axe de faîtage du toit. Légèrement décalée par rapport au centre du bâtiment,

La maison Gauthier, en bordure du chemin du Roy.

↑ Un grand mur-pignon presque aveugle.

cette position suggère que la maison a peut-être été allongée à partir d'un premier corps de bâtiment.

Quoi qu'il en soit, la maison se distingue par un travail très soigné de la pierre, ce qui peut laisser croire qu'elle fut l'œuvre d'un maçon. On observe ces détails dans les encadrements de pierres taillées des ouvertures et dans les éléments de décor de la porte principale. Les fenêtres comportent des piédroits constitués de plusieurs pierres taillées bien ajustées. Une clef centrale, dans la partie supérieure, maintient les pierres du linteau.

De plus, chose rare dans une maison rurale, les piédroits de la porte principale sont sculptés en pilastres au socle orné de plusieurs belles moulures classiques. Un détail comme celui-là, très ancien, démontre un souci d'ornementation peu courant.

La maison Gauthier, à l'exemple de beaucoup d'autres de la région, possède une profondeur standard, mais sa longueur dépasse la moyenne, autre raison de croire à l'aisance de son premier propriétaire.

↑ Fenêtre entourée de son cadre de pierres taillées.

← La base des piédroits de la porte principale, sculptés et moulurés. Un élément de décor plutôt rare.

Maison Joseph-Emmanuel Soulard
Neuville

Véritable silhouette emblématique de la région de Portneuf, la célèbre maison Soulard de Neuville est un exemple remarquable d'architecture rurale du milieu du XVIIIᵉ siècle. Construite entre 1759 et 1767 par le capitaine de milice Pierre Loriot, elle surplombe le fleuve au sommet d'une terrasse à vocation agricole. En 1767, le fils de Pierre, Charles Loriot, en devient propriétaire.

Représentative des plus anciens modèles d'architecture de la colonie française d'Amérique, la maison Joseph-Emmanuel Soulard a la forme d'un rectangle massif surmonté d'un toit aux versants très pentus. Contrairement aux maisons pourvues de cheminées dans les murs-pignons, elle possède une grosse masse de cheminée dont la souche émerge en plein centre du faîtage. Construite de moellons, elle se distingue curieusement par ses deux pignons : l'un est en pierre ; l'autre, en bois.

Une petite ouverture à l'arrière de la maison signale la présence d'une pièce froide. Ce détail, qu'on peut souvent observer dans les maisons de Portneuf, indique généralement l'ancienneté du bâtiment.

Très peu modifiée, la maison est une sorte de témoignage architectural qui mériterait une restauration exemplaire, d'autant plus que le cloisonnement intérieur ne semble pas avoir subi de changements significatifs. En effet, nous savons, par des documents anciens, que le rez-de-chaussée comportait à l'origine deux

← La maison Joseph-Emmanuel Soulard, exemple remarquable d'architecture rurale française.

↑ Le mur-pignon ouest est en pierre. Remarquez la petite ouverture au niveau du grenier.

grandes salles disposées de part et d'autre de la cheminée centrale à deux foyers, deux cabinets et une petite laiterie à l'arrière. Les salles étaient fréquentes à cette époque dans les maisons rurales et formaient des espaces généralement réservés au sommeil ou à la préparation et à la consommation des aliments.

Un petit escalier situé tout à côté de la masse de cheminée menait au grenier réservé à l'entreposage d'aliments et d'accessoires de la vie quotidienne. Cette disposition des espaces du rez-de-chaussée n'a à peu près pas changé.

Une échelle en bois sur le toit, de la vigne sur les murs, l'usure des matériaux de revêtement extérieur, la paille émergeant à la rencontre du versant de toit et du mur arrière, tout cela confère à la maison Soulard l'air d'un vieillard rescapé d'une autre époque.

La famille Loriot construisit deux autres maisons en pierre à Neuville, dont la maison voisine, véritable jumelle qui possède à peu près les mêmes proportions, mais dont la toiture a été modifiée par l'ajout d'avant-toits à la mode au début du XIXe siècle.

↑ La cheminée centrale, caractéristique de ce modèle portneuvois.

→ Bordure de toit caractéristique de l'architecture française du XVIIIe siècle. Du foin sert d'isolant à la rencontre des pièces de charpente et de la maçonnerie.

Maison Lorraine Demers
Neuville

La maison Lorraine Demers, appelée « Naud » dans les années 1970, se distingue de la plupart des maisons de Neuville par son carré imposant. Son intérêt réside aussi dans le fait que le carré originel a subi un allongement important.

Dans les années 1970, la maison avait été l'objet d'une étude systématique à la lumière de laquelle on espérait mieux interpréter ses transformations. Malgré cette recherche historique approfondie, il n'avait pas été possible de dater la maison et ses parties, mais il était apparu probable, selon les documents notariés, qu'elle avait été construite dans la seconde moitié du XVIIIe siècle.

Les dimensions imposantes de la maison sont en fait attribuables à un allongement du carré initial, procédé courant à l'époque pour accroître le volume d'une habitation. On augmentait tout simplement la longueur du carré, jusqu'à la dimension désirée. Plusieurs indices architecturaux étayent cette thèse : un mur de refend transversal coupe la maison en deux parties, de part et d'autre de la masse de cheminée ; deux charpentes différentes supportent le toit, de part et d'autre de ce mur de refend ; l'espacement entre les ouvertures de façade laisse croire à deux groupes d'ouvertures distincts (quatre fenêtres et une porte du côté est, et deux fenêtres du côté ouest).

Construite de moellons de calcaire, à l'exemple de ses semblables de Neuville, la maison présente une qualité de construction à la fois simple mais éprouvée. Des versants de toit de pente moyenne la coiffent. La grande galerie, face au fleuve, est une reconstitution inspirée des galeries restaurées de la place Royale de Québec.

La maison a été l'objet d'une restauration majeure exemplaire par sa propriétaire actuelle, Lorraine Demers. L'intérieur comporte plusieurs détails intéressants de construction,

En bordure du fleuve Saint-Laurent, l'imposante maison Lorraine Demers.

↓ Une grande façade en pierre, très pure, avec une ordonnance rigoureuse des ouvertures.

dont, évidemment, deux charpentes différentes. La restauration a permis de remettre en place ou de faire ressortir une foule d'éléments, notamment les encadrements de pierre de taille des ouvertures, les contrevents d'assemblage, les fenêtres à petits carreaux, les cheminées, et, sur la façade nord au-dessus de la porte d'entrée, une petite niche abritant une statuette.

La maison occupe une hauteur à proximité de la rue des Érables, ancienne artère du village. Dans cette région, la terre meuble recouvre une formation calcaire très importante qui affleure par endroits. Derrière la maison, à quelques centaines de mètres, se trouve d'ailleurs une carrière de calcaire, aujourd'hui inexploitée.

↑ (en haut à gauche) Une petite niche orne le dessus de la porte principale.

↑ (en bas à gauche) Une galerie de façade inspirée des procédés traditionnels de charpenterie du XVIIIᵉ siècle.

↑ (en haut à droite) Des versants de toit très droits, sans égout.

↑ (en bas à droite) Fenêtres françaises à petits carreaux complétées par des contrevents d'assemblage.

À titre indicatif, d'autres maisons intéressantes dans la région

1 Maison des Jésuites

2 Maison Dupont

3 Maison Routhier

4 Maison néo-classique

5 Maison dite « québécoise »

6 Maison d'ouvrier

4 En pleine ville de Québec
Les témoins d'un passé rural

Un peu d'histoire

Fondée en 1608, la ville de Québec devient une municipalité de cité en 1832. Elle se concentre d'abord près du cap Diamant puis s'étend progressivement au fil des ans, intégrant successivement plusieurs villes ou municipalités environnantes. Le plus récent stade d'évolution de ce processus est la création de la nouvelle ville de Québec, qui inclut maintenant, entre autres, Sillery et Sainte-Foy. Contrairement à l'ancienne ville de Québec, dont la vocation urbaine s'affirma rapidement, Sillery et Sainte-Foy ont conservé pendant longtemps, et cela pour des raisons différentes, des portions de territoire présentant un caractère rural ou à tout le moins campagnard.

À ne pas manquer

Le chemin Sainte-Foy, très ancien axe de communication entre Québec et la ville du même nom, présente un parcours très intéressant sur le plan architectural par la diversité de son architecture et des époques représentées. La maison Routhier figure à son extrémité ouest, près du boulevard Pie-XII, dans l'ancien territoire de la ville de Sainte-Foy. Autre axe de communication, le chemin du Foulon, apparu dès le XVIIIe siècle sur le territoire de Sillery, ville récemment annexée à Québec, présente encore quelques exemples de maisons rurales au milieu d'une architecture de type plutôt villageois. Il s'agit là des témoins d'une occupation française très ancienne sur un lambeau de plaine en bordure du fleuve.

Maison des Jésuites
Sillery

À Sillery, sur le chemin du Foulon, le site de la première mission des Jésuites, établie en 1637, recèle plusieurs vestiges du Régime français, dont l'actuelle maison des Jésuites, construction de pierre érigée au début du XVIIIᵉ siècle comme maison de ferme, puis graduellement modifiée pour devenir une simple maison de campagne.

Une première maison avait été construite sur le site par les Jésuites en 1637. Elle abritait deux missionnaires et quelques Amérindiens. Réduite en cendres par un incendie, elle fut reconstruite en 1660. S'agit-il de la maison actuelle ? Nos connaissances ne nous permettent pas de répondre à cette question. Par contre, nous savons qu'en 1733, au moment d'un recensement, il existait sur le site une maison de pierre dont les dimensions au sol correspondent à celles de la maison actuelle. Le bâtiment servait alors de maison de ferme et de maison de campagne. En 1764, les pignons de la maison furent réparés.

À cette époque, le chapelain des troupes britanniques à Québec, John Brooke, occupait la maison. Son épouse, l'écrivain Frances Moore Brooke, en fit le décor d'un roman, *The History of Emily Montague*, publié à Londres en 1769.

De 1805 à 1815, William Hullett transforma la maison en brasserie. C'est à cette époque qu'on lui ajouta un étage, comme on peut le voir sur une gravure de 1829. D'autres

← La maison des Jésuites, ancienne habitation rurale modifiée au cours des siècles.

↑ Le site de la maison des Jésuites, une ancienne mission datant de 1637.

propriétaires se succédèrent, jusqu'au moment où la maison fut classée monument historique et acquise par le gouvernement du Québec en 1976. Sa restauration soignée dans les années 1970, tout en respectant la structure générale, a réhabilité des éléments de décor de cette dernière période. On a donc aujourd'hui une habitation au goût du néoclassicisme, comme en témoignent les chambranles, la majestueuse entrée principale et les contrevents.

L'intérieur comporte de nombreux détails architecturaux dignes d'intérêt: quin-caillerie des portes, menuiserie des cloisons, petit escalier tournant menant à l'étage, plusieurs foyers dotés de leur manteau de cheminée aux couleurs d'époque, etc.

Une adjonction en bois recouverte de son toit de bardeaux de bois se greffe à la maison. La clôture qui sépare la maison de la rue a été conçue selon un modèle ancien et s'inscrit dans une longue tradition. Cet élément à la fois fonctionnel et décoratif apparaît sur d'anciennes photographies du site.

↑ L'entrée principale, conçue dans le goût du néoclassicisme anglais.

→ On retrouve ce même esprit stylistique dans plusieurs éléments de décor intérieur, dont les manteaux de cheminées.

Maison Dupont
Sillery

On oublie que le chemin du Foulon à Sillery est une ancienne artère de communication, ce qui explique la présence de vieilles maisons le long de son bref parcours. La maison Dupont en est un exemple.

On ignore la date de construction de cette maison, mais une aquarelle de James Pattison Cockburn la montre en 1829 à côté de la maison des Jésuites. Il semble qu'elle ait été utilisée elle aussi par William Hullett comme brasserie ou comme forge. Il n'est pas étonnant qu'elle ait pu servir à de telles fins puisque, à cette époque, le secteur de Sillery, avec ses chantiers navals et son importante population ouvrière, bourdonnait d'activités. En effet, c'est là que se concentrait le gros de l'industrie de transformation et d'exportation du bois à Québec. De 1860 à 1946, la maison, qui appartenait alors aux Dobell, prospères marchands de bois, servit de local administratif ou de résidence pour les employés.

Même si on ne connaît pas avec certitude la date de construction de cette habitation, ses caractéristiques la rattachent aux plus anciens modèles d'architecture de la région de Québec. Premier trait inusité : les cheminées sont disposées en chicane, de part et d'autre de l'axe de faîtage. Cette caractéristique, souvent observée dans la région de Montréal, est inhabituelle à Québec. Ensuite, le gabarit général, trapu, donne l'impression d'une maison cramponnée au sol. De plus, l'exhaussement

← La maison Dupont, un carré massif au ras du sol.

du rez-de-chaussée est très faible. Et deux versants de toit recouverts de bardeaux achèvent de lui donner cet air d'une autre époque. En façade, une dalle recueillant l'égouttement des eaux rappelle une technique depuis longtemps révolue.

Sur le côté ouest de la maison, un ajout moderne en verre et en métal augmente l'espace intérieur et le confort des occupants. Ce choix, sans doute osé pour l'époque où il fut fait, s'avère une option contemporaine fort intéressante.

L'intérieur de la maison révèle de nombreux indices de modifications, ce qui n'est pas étonnant, puisque la maison a changé souvent de propriétaire et de vocation. Par exemple, les plafonds et les planchers ont été remaniés; le sous-sol, peu profond, renferme plusieurs vestiges de murs, dont certaines parties se prolongent à l'extérieur du carré.

Aujourd'hui, la maison Dupont semble avoir retrouvé un calme mérité. Bien entretenue et bien mise en valeur, elle constitue, avec la maison des Jésuites, un repère visuel sur le chemin du Foulon et rappelle au passant l'ancienneté de l'occupation des lieux.

← Remarquez les cheminées disposées en chicane.

→ À l'un des angles de la maison, un vieux tonneau recueille l'écoulement pluvial.

Maison Routhier
Sainte-Foy

Cette maison fut bâtie entre 1755 et 1781 par Pierre Belleau dit Larose. En 1796, la fille de Pierre, Angélique, épousa Antoine Routhier et ce dernier emménagea chez son beau-père. C'est ainsi que la maison des Belleau passa dans la famille Routhier et le resta jusqu'en 1957.

Autre exemple de maison en croissance, la maison Routhier fut érigée en deux étapes. Un premier corps de logis en pièces sur pièces assemblées à queue d'aronde, long de 9,7 m et large de 6,5 m, vit d'abord le jour. À cette époque, la toiture de la maison comportait une croupe à chaque extrémité.

Puis, au début du XIXe siècle, le propriétaire de la maison l'allongea de 6 m, ce qui porta sa longueur à environ 16 m. On construisit cette rallonge avec des madriers de 10 cm sur 25 cm, eux aussi assemblés à queue d'aronde, procédé qui deviendra de plus en plus populaire au cours du XIXe siècle et qui persistera même au début du XXe siècle.

On joignit la nouvelle structure à l'ancienne à l'aide de poteaux verticaux dans lesquels les pièces s'emboîtent au moyen d'une rainure verticale. Dans le grenier, une charpente différente de celle du corps de bâtiment originel correspond à cet ajout. De plus, le regroupement des ouvertures sur les façades est irrégulier.

Ayant été l'objet d'une restauration soignée entre 1957 et 1963, la maison a retrouvé

← La maison Routhier vue de l'arrière. Deux corps de bâtiment réunis.

la plupart de ses caractéristiques d'origine. On a alors enlevé les planches à clins pour rétablir le revêtement de planches verticales sur les murs extérieurs. À l'intérieur, on a mis en évidence les éléments dignes d'intérêt : poutres apparentes au plafond, enduits sur les lattes, planchers de madriers et foyer en pierre grise qui partage le rez-de-chaussée en deux salles. Et une photographie de la fin du XIXe siècle a permis de reconstituer le four à pain à l'arrière de la maison.

Finalement, la Commission des monuments historiques fit l'acquisition de cette maison et la classa comme monument historique le 6 décembre 1956. Par la suite, la ville de Sainte-Foy en devint propriétaire. Appartenant aujourd'hui à la ville de Québec, la maison Routhier sert à des fins culturelles et communautaires.

← Le four à pain, reconstitué à l'aide d'une photographie ancienne.

↑ Les fenêtres ont été dotées de contrevents faits de planches barrées à queue d'aronde.

→ Un toit avec, aux extrémités, des croupes terminées par un égout.

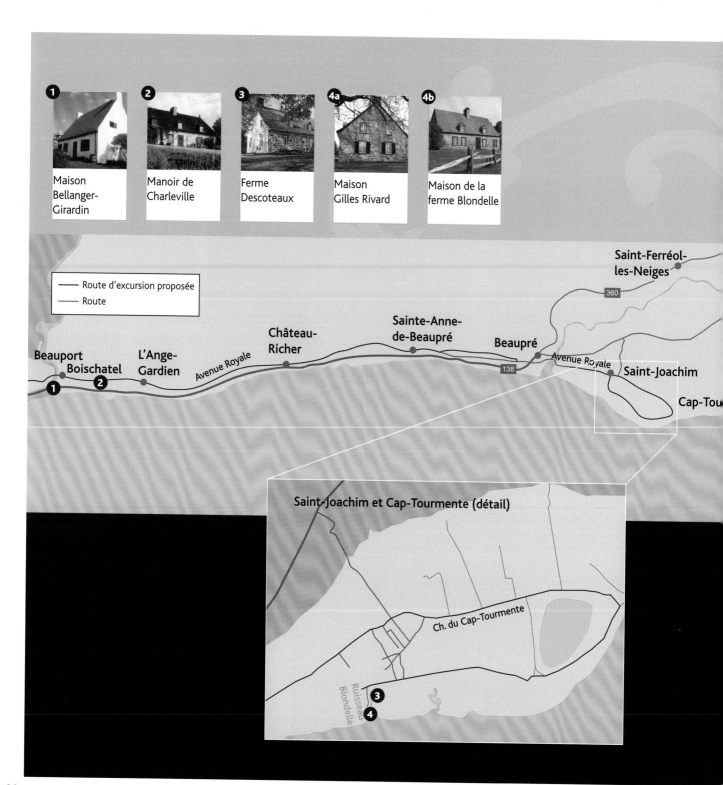

1 Maison Bellanger-Girardin

2 Manoir de Charleville

3 Ferme Descoteaux

4a Maison Gilles Rivard

4b Maison de la ferme Blondelle

—— Route d'excursion proposée
—— Route

Saint-Ferréol-les-Neiges

360

Sainte-Anne-de-Beaupré

Beaupré

Avenue Royale

Château-Richer

Avenue Royale

138

Beauport

L'Ange-Gardien

Boischatel

1

2

Saint-Joachim

Cap-Tou

Saint-Joachim et Cap-Tourmente (détail)

Ch. du Cap-Tourmente

Ruisseau Blondelle

3

4

5 Long ruban adossé au plateau laurentien
Boischatel, L'Ange-Gardien, Sainte-Anne-de-Beaupré et Saint-Joachim

Il n'en fallait pas plus pour que, tout le long de la Côte-de-Beaupré, les plus vieilles habitations du Québec se nichent le long d'un étroit chemin qui s'amuse çà et là à grimper sur le plateau ou à longer intimement son talus. Proximité du fleuve, plaine riveraine et ruisseaux dévalant le plateau ont favorisé dès la fin du XVIIe siècle l'implantation de colons venus de France.

Un peu d'histoire

Tout à côté de Québec, première ville française en Amérique du Nord, un long ruban d'habitations apparaît et s'étend vers l'est jusqu'à Saint-Joachim, là où Champlain avait installé une ferme d'élevage dès 1626. Entre les deux se trouve un territoire dont la colonisation remonte à la fin du XVIIe siècle, ce qui explique la présence de si nombreuses habitations séculaires. Des paroisses se sont jointes à ce ruban, comme Château-Richer (1678), L'Ange-Gardien et Sainte-Anne-de-Beaupré (1684), et Saint-Joachim (1687).

À ne pas manquer

Sur la Côte-de-Beaupré, à partir de Beauport, il suffit de suivre l'avenue Royale vers l'est jusqu'à Saint-Joachim pour découvrir de part et d'autre de la route les témoins de plusieurs siècles d'occupation humaine, souvent accompagnés de leurs dépendances agricoles et de leurs caveaux à légumes. Ne manquez pas, à Saint-Joachim, un tout petit noyau regroupé autour du ruisseau Blondelle.

Maison Bellanger-Girardin
Beauport

Aujourd'hui située dans l'ancien Bourg du Fargy à Beauport, l'un des arrondissements de l'actuelle ville de Québec, la maison Bellanger-Girardin représente bien l'un des modèles ruraux typiques de la Côte-de-Beaupré aux XVIIe et XVIIIe siècles.

La maison occupe un site très ancien, dont le territoire fut concédé en 1673 par le seigneur Joseph Giffard à Nicolas Bellanger, originaire de Normandie. Il semble que ce terrain n'ait été l'objet d'aucun morcellement jusqu'à nos jours. Au contraire, il aurait été agrandi. Bellanger y construisit la même année une petite maison en bois. Par la suite, plusieurs corps de bâtiment se sont succédé ou ont été juxtaposés tout au cours du XVIIIe siècle.

Lorsque Ignace Girardin acquiert la maison, en 1884, il lui apporte plusieurs changements: remplacement de fenêtres, ajout de lucarnes et modification de l'emplacement de la porte d'entrée.

En 1925, la maison passe aux mains des sœurs de la congrégation Notre-Dame de Montréal et sa vocation agricole prend fin. En 1982, les religieuses cèdent la maison à la ville de Beauport, qui la restaure pour lui redonner l'apparence qu'elle avait dans la première moitié du XIXe siècle.

Les deux parties existent toujours et sont séparées par un mur de refend. Deux types de charpentes révèlent deux périodes de construction différentes. L'intérieur de la maison comporte au rez-de-chaussée deux grandes pièces et des cabinets. À l'étage, on trouve une chambre et le grenier.

Les traits physiques généraux de la maison Bellanger-Girardin établissent son appartenance à un ancien modèle d'habitation rurale. Son carré massif, son toit pentu, ses cheminées simples émergeant des murs-pignons et son faible exhaussement caractérisent l'architecture d'esprit français du XVIIIe siècle.

La maison Bellanger-Girardin, silhouette épurée propre aux modèles les plus anciens de l'architecture rurale de Beauport et de la Côte-de-Beaupré.

↑ L'entrée principale avec sa galerie sommaire en madriers.

La quasi-absence d'ouvertures dans les murs-pignons (seule une petite ouverture éclaire le pignon ouest au niveau des combles) et l'absence de lucarnes à l'origine nous ramènent à une époque lointaine où l'aspect sombre de l'intérieur des maisons devait être la norme.

À l'origine accompagnée de sa grange-étable et de son écurie, la maison occupe aujourd'hui un site aménagé et tient lieu de petit centre municipal où se déroulent des activités communautaires et des séances de sensibilisation au patrimoine. Sa silhouette massive et son toit pentu en font un spécimen incontournable dans la région.

↑ On a reconstitué la dalle d'égouttement du toit.

← Une fenêtre française munie de son contrevent à battant unique.

Manoir de Charleville
Boischatel

Même si elle a pu porter pendant quelques années du XVIIe siècle le nom de « manoir » grâce au statut de son propriétaire, cette maison fut dès les années 1660 le cœur d'une exploitation agricole typique de la Côte-de-Beaupré.

En effet, l'histoire de l'occupation de cette terre remonte à sa concession à Germain Le Barbier en 1654, puis à sa mise en valeur par Charles Aubert de La Chesnaye, qui en devient propriétaire en 1660. En 1667, on trouve sur la propriété une maison, une grange et une étable. Cette année-là, Charles Aubert de La Chesnaye obtient de Mgr François de Laval, alors seigneur de Beaupré, que sa propriété soit constituée en fief, et c'est ainsi que la maison de ferme put temporairement bénéficier du statut de manoir. Mais elle le perd en 1694, lorsque Nicolas Trudelle l'acquiert et cède l'arrière du fief de Charleville à Mgr de Laval. La propriété passe alors successivement dans les mains des familles Cauchon en 1829 et Huot en 1853.

Cette dernière la conserve jusqu'en 1964, année où elle passe aux mains d'un architecte qui la remet dans l'état que nous connaissons aujourd'hui.

Au gré des besoins et des moyens de ses propriétaires, la maison a évolué et a adopté graduellement son apparence actuelle après avoir franchi trois étapes distinctes. Un premier corps de bâtiment de 7 m² fut d'abord érigé à la fin du XVIIe siècle. Puis, en 1729 et en 1759, des inventaires de biens après décès font état d'une maison et d'un bas-côté de 12,6 m sur 9 m. On peut donc croire à un agrandissement dans la première moitié du XVIIIe siècle. Le foyer aurait alors été doublé et la toiture prolongée avec sa charpente, selon un modèle proche de celui existant dans la partie originelle.

L'édifice fut allongé de nouveau du côté ouest à une date postérieure. À ces augmentations correspondent des vestiges de maçonnerie au sous-sol et des différences dans la construction de la charpente, d'un modèle

Le manoir de Charleville, ancienne maison de ferme, fait face au fleuve dans un décor grandiose.

↑ Devinez qui est le véritable maître des lieux ?

très ancien. À la fin du XIXᵉ siècle, le mur ouest comportait un mur-pignon, mais la restauration effectuée dans les années 1960 rétablit la croupe initiale.

Aujourd'hui, la maison présente la silhouette typique des plus anciennes habitations de ferme de l'île d'Orléans, soit un rectangle allongé coiffé d'un toit à deux versants avec croupes et épis de faîtage.

L'intérieur, restauré avec goût dans les moindres détails, renferme une collection impressionnante d'objets anciens, à la fois utilitaires et décoratifs. Le foyer central est particulièrement imposant. Quelques boulets de canon, rescapés du siège de Québec en 1759 et retrouvés sur le terrain adjacent, ornent la devanture et rappellent de grands événements du passé.

Implantée dans un site magnifique face au fleuve, la maison occupe la pente du côté sud de l'avenue Royale. À ses pieds, l'île d'Orléans et le fleuve Saint-Laurent s'étirent dans un incomparable panorama.

← Une vue du grenier. Les planches de revêtement du toit sont apparentes, car on a isolé celui-ci de l'extérieur.

↑ Au rez-de-chaussée, un superbe foyer avec ses accessoires.

Ferme Descoteaux
Saint-Joachim

Sur la rive nord du Saint-Laurent, la grande plaine, après les assauts de la plateforme de Québec, vient mourir sur les contreforts du Bouclier canadien, près de Saint-Joachim. Un peu à l'ouest du village, le chemin du Cap-Tourmente franchit le ruisseau Blondelle et rejoint une route étroite qui mène au rivage.

Ce coin de terre à l'abri du cap Tourmente a connu, grâce à son emplacement privilégié, une colonisation très ancienne. Dès 1662, Mgr de Laval, premier évêque de Nouvelle-France, acquit des terres destinées à l'établissement d'une ferme. Aujourd'hui, le lieu recèle un noyau exceptionnel de maisons anciennes dans un décor grandiose, dont la ferme Descoteaux, que vient enlacer le ruisseau Blondelle.

Cette ferme comporte, en plus des bâtiments traditionnels revêtus de planches d'un blanc immaculé, une belle maison de pierre. Construite vraisemblablement en 1836, comme l'indique une inscription gravée dans la pierre au-dessus d'une porte, la maison illustre la transition entre les bâtiments du XVIIIe siècle et le cottage rustique populaire du milieu du XIXe siècle.

Il s'agit d'une belle grande demeure allongée, sise au milieu d'un vaste terrain bordé par un étroit chemin de terre. Du côté ouest, une rangée de gros feuillus l'isole de ses voisines, alors que, du côté est, le ruisseau serpente. Le fruit accentué de ses murs semble révéler le lourd poids de son âge. Sa silhouette est

Au bord du ruisseau Blondelle, la maison d'habitation de la ferme.

← Les fenêtres sont pourvues de chambranles d'esprit victorien (à gauche). Quant à la porte principale, son décor est aussi d'esprit victorien, mais ses formes sont plus élaborées (à droite).

↓ La maison, de forme très allongée, occupe un vaste terrain face au fleuve Saint-Laurent.

↑ Des bâtiments secondaires en bois sont peints aux couleurs de la maison.

dominée par deux couleurs, le blanc et le noir. La toiture recouverte de tôle, avec ses deux souches de cheminées aux extrémités, est noire. Les murs sont blancs, puisque la surface des moellons et des pierres des champs est recouverte d'un large joint appuyé blanc.

La distribution plutôt irrégulière des ouvertures sur les façades ne permet pas une interprétation convaincante de l'évolution du carré de cette maison. Il s'agit cependant d'une ancienne maison de ferme dont l'extrémité est complétée par une petite laiterie dont le toit à deux versants comporte une petite croupe.

Traces d'une époque plus récente où les formes étaient plus variées et plus complexes, des chambranles aux nombreuses moulures ornent les ouvertures et la porte principale du côté nord. Leur allure victorienne est la seule touche décorative postérieure à la construction de la maison.

Maison Gilles Rivard et maison de la ferme Blondelle
Saint-Joachim

À proximité de la ferme Descoteaux, un petit chemin de terre rejoint le ruisseau Blondelle et conduit aux battures du cap Tourmente. À l'extrémité de ce chemin se dissimulent deux magnifiques maisons en pierre.

Le site grandiose offre un panorama à 360 degrés en direction de la rive sud du Saint-Laurent, du mont Sainte-Anne, du cap Tourmente et de Québec. Perdues dans cette immensité, les deux maisons nous donnent à penser que leurs premiers occupants ont dû être saisis eux aussi par la beauté des lieux, la fertilité du sol et l'abondance du gibier.

Très proches l'une de l'autre, les deux maisons ont été érigées en pierres des champs, auxquelles se mêlent quelques moellons de calcaire. Les toits pentus, les souches de cheminées massives et la disposition des ouvertures suggèrent que ces habitations aux formes pures ont vu le jour à la fin du XVIIIe siècle ou au début du siècle suivant.

Les deux maisons font face au fleuve. La première, la maison de la ferme Blondelle, est un rectangle de pierres des champs très simple, coiffé de sa toiture à deux versants recouverte de bardeaux de bois. Un regroupement irrégulier des ouvertures et l'association de certaines fenêtres par paires laissent croire que ce bâtiment fut construit en deux étapes. La cheminée est probablement l'élément architectural qui indique l'endroit où l'allongement fut réalisé. Très simple, la maison de la ferme Blondelle a pour tout décor extérieur un judicieux choix de couleurs mariant le vert et le jaune, deux tons qu'on retrouve dans la pierre des murs. Une jolie clôture de perches la sépare du chemin pittoresque qui mène à la maison Gilles Rivard.

Cette seconde maison, plus près du fleuve, occupe un vaste terrain plat, à l'abri d'un immense arbre centenaire. Les caractéristiques architecturales actuelles de la maison Gilles Rivard révèlent une construction plus

← La maison de la ferme Blondelle, propriété de la famille Rivard.

récente que l'autre maison. Même si une laiterie en pierre occupe l'angle nord-est, la disposition symétrique des ouvertures en façade, la présence de deux souches de cheminée identiques dans le prolongement des murs-pignons, les lucarnes dans le toit et le petit avant-toit formé d'un égout au dessous plafonné nous suggèrent que la maison Gilles Rivard aurait été construite au tournant du XIXe siècle.

Du côté ouest, une adjonction en pierres des champs et en moellons gris complète la maison. Par son matériau, ses proportions, la forme du toit et ses couleurs, cette addition s'intègre parfaitement au corps de bâtiment principal.

↑ La maison Gilles Rivard s'abrite dans un décor grandiose où le regard embrasse l'infini.

← Un chemin pittoresque relie les maisons de ce noyau exceptionnel situé en bordure du ruisseau Blondelle.

1 Maison Imbeau

2 Maison Lettre-Trudel

3 Maison Larivière

4 Maison Gourdeau

5 Maison Pepin-dit-Lachance

6 Maison Gagnon-Plumpton

7 Maison Morency-Demers

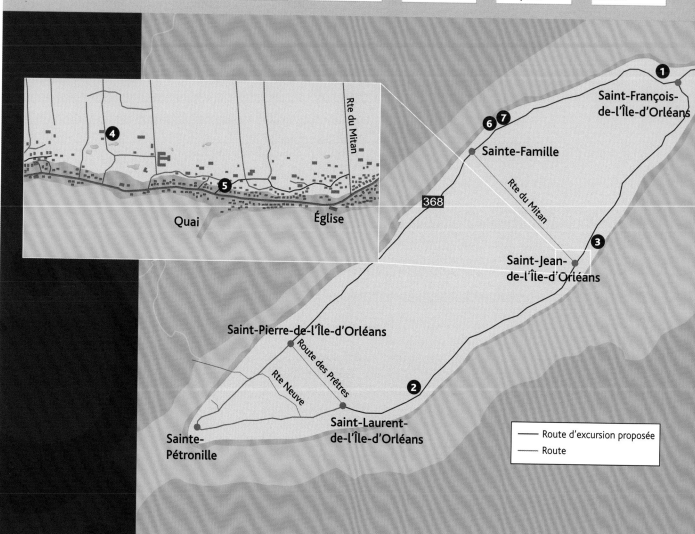

Saint-François-de-l'Île-d'Orléans

Sainte-Famille

Rte du Mitan

Saint-Jean-de-l'Île-d'Orléans

368

Saint-Pierre-de-l'Île-d'Orléans

Route des Prêtres

Rte Neuve

Saint-Laurent-de-l'Île-d'Orléans

Sainte-Pétronille

Quai

Église

Rte du Mitan

— Route d'excursion proposée

—— Route

106

6 Plein la vue sur le fleuve !
Les vieilles paroisses de l'île d'Orléans

Deux rives, deux visages différents. Du côté nord, une longue pente descend vers le fleuve et accueille çà et là des maisons paysannes, alors que, sur la rive sud, où une étroite plaine littorale sépare le fleuve du plateau, les maisons paysannes se sont hissées sur les hauteurs où l'on trouve une terre fertile et des boisés diversifiés. Mais, partout, on a pleine vue sur le fleuve !

Un peu d'histoire

Là aussi, comme sur la Côte-de-Beaupré, on retrouve les traces d'une colonisation très ancienne qui a tiré parti d'une île au sol riche. À l'exception de Sainte-Pétronille, qui s'est développée surtout grâce à la villégiature, toutes les paroisses avaient une vocation essentiellement agricole, vocation qui se maintient de nos jours. Ces paroisses sont apparues à la fin du XVIIᵉ siècle: Sainte-Famille en 1661, Saint-Jean en 1682, Saint-Pierre, Saint-Laurent et Saint-François en 1679 (anciens noms).

À ne pas manquer

La traditionnelle randonnée autour de l'île par le chemin Royal vous permettra de contempler de remarquables implantations de maisons anciennes dans des décors grandioses, agrémentés de points de vue sur la Côte-de-Beaupré et sur les rives de Bellechasse. Par contre, des excursions discrètes, à pied, par les petits chemins qui surplombent les implantations villageoises de Saint-Laurent et de Saint-Jean, vous enchanteront davantage, car elles vous mettront en contact direct avec les particularités du plateau et de ses chaumières les plus typiques.

Maison Imbeau
Saint-Francois-de-l'Île-d'Orléans

La maison Imbeau est située à l'extrémité nord de Saint-François-de l'Île-d'Orléans, près de la limite est de la municipalité La Sainte-Famille-d'Orléans. À l'écart de la route principale, elle occupe un vaste terrain d'où l'on peut contempler le cap Tourmente, le secteur de Saint-Joachim et les battures du chenal de l'île d'Orléans.

On sait que la maison Imbeau fut la propriété de la famille François Plante et de ses descendants de 1825 à 1889, mais aucun indice ne nous permet de connaître la date exacte de sa construction. Il s'agit d'un exemple intéressant de maison paysanne modeste où la fonctionnalité l'emporte sur le décor.

Cela dit, les maisons de l'île d'Orléans se ressemblent au premier coup d'œil, mais un examen soutenu permet d'en discerner les moindres détails, et surgissent alors des personnalités distinctes. Il suffit de circuler autour de la maison Imbeau pour constater la faible hauteur des murs extérieurs et des plafonds, l'immensité de la toiture, le dépouillement des murs intérieurs et l'étroitesse des ouvertures. Nous comprenons alors que nous sommes en présence du modèle architectural très simple de la maison paysanne.

Construite vraisemblablement en deux parties, sans qu'on sache à quel moment les deux corps de bâtiment furent réunis, la maison Imbeau est solidement ancrée dans le sol. Faite d'un mélange de moellons et de pierres des champs, elle porte un toit à deux versants duquel émerge une imposante souche de cheminée.

À l'intérieur, la maison se présente dans toute sa simplicité: planchers de madriers, murs en pierres brutes, large foyer surmonté d'un gros linteau de bois, four à pain latéral, poutres supportant le plancher du grenier, escalier de meunier menant à l'étage. Dans le grenier, aujourd'hui aménagé en chambres, on retrouve un élément rare de confort intérieur: un lit fermé, composé

← La maison Imbeau, spécimen exceptionnel de vieille maison paysanne.

de sa cloison et de sa porte, adossé à la masse de cheminée centrale.

La maison fut vendue en 1889 à Joseph Imbeau, dont la famille en demeura propriétaire jusqu'en 1968, quand elle fut classée comme monument et lieu historiques. Les nouveaux propriétaires restaurèrent alors cette maison d'une manière exemplaire. Par la suite, ils soignèrent l'environnement immédiat de la maison, et leurs agencements dénotent beaucoup de goût et un soin particulier du détail. On peut y admirer un bel étang, des bosquets, des chemins aménagés avec beaucoup de sensibilité, une maisonnette de pièces, des clôtures à l'ancienne et des pavés si gros qu'il a fallu les mettre en place à l'aide d'une machine. Tout cela fait de ce site un lieu idyllique, hors du temps.

↑ Coin champêtre au décor idyllique.

← Quoi de mieux, pour recevoir les invités, qu'une jolie maisonnette de pièces sur pièces assemblées à queue d'aronde ?

← Les portes conservent leurs ferrures anciennes, dont les pentures et les serrures.

↓ Le foyer, avec son linteau d'une seule pièce de bois et son dallage face à l'âtre.

112

↑ Dans le grenier, rare lit cloisonné adossé à la masse de cheminée centrale.

Maison Lettre-Trudel
Saint-Laurent-de-l'Île-d'Orléans

Dans les années 1970, au plus fort de l'engouement des Québécois pour leur patrimoine, un couple acheta cette maison pour la mettre en valeur. Lors des travaux de rénovation, au fur et à mesure que le curetage progressait, ces personnes découvrirent avec surprise que la toiture en place, à deux versants avec avant-toit retroussé, était un ajout, puisque, à l'origine, la maison possédait une toiture avec croupes sans égout à la base des versants.

C'est que, au XIXe siècle, le mouvement pittoresque avait convaincu les anciens propriétaires de couvrir la maison d'une large toiture débordante pour se conformer à la mode du cottage aux avant-toits retroussés. Voyant cela, les nouveaux propriétaires des années 1970 décidèrent de revenir aux origines, comme on le faisait couramment à l'époque, et de remettre leur maison dans son état premier. Pour ce faire, ils la débarrassèrent des ajouts qui avaient été motivés par une mode qui dura une cinquantaine d'années. Voilà pourquoi la maison Lettre-Trudel se rattache aujourd'hui à une tradition deux fois séculaire.

Malgré tout, l'intérieur montre les traces évidentes de modifications propres au XIXe siècle. La menuiserie des cloisons, les portes et les plafonds de planches au joint tringlé sont visiblement postérieurs à la construction initiale.

Anciennement rattachée à une exploitation agricole familiale de la paroisse de Saint-Laurent, la maison se dresse en bordure du plateau de l'île et domine le fleuve. Les propriétaires ont su tirer parti du terrain en y intégrant un joli jardin, une aire de stationnement, une grande remise et un petit poulailler.

← La maison Lettre-Trudel, après sa restauration dans les années 1970.

↑ Une grande chambre, avec ses murs de planches embouvetées, ses poutres et son plafond de planches à recouvrement.

← De belles portes d'assemblage avec vitrage à petits carreaux séparent le salon de la salle à dîner.

↑ On a choisi d'isoler la maison de l'intérieur. L'isolant, déposé directement sur les planches de toit, est recouvert de gypse entre les pièces de charpente, ce qui laisse l'ensemble de la structure visible.

Maison Larivière
Saint-Jean-de-l'Île-d'Orléans

Vous remarquerez peut-être une certaine parenté entre cette maison et celles de la côte de Bellechasse, où de nombreuses maisons de ferme en pièces sur pièces, coiffées de leurs toits à deux versants, bordent la route littorale.

C'est que, à une époque où la ferveur pour le patrimoine était grande, plusieurs propriétaires ont acheté des maisons pour les déplacer dans des sites jugés plus appropriés. C'est le cas de cette maison sise aujourd'hui à Saint-Jean-de-l'Île-d'Orléans, mais qui provient en fait de la côte de Bellechasse. Elle fut entièrement démontée, puis transportée sur son site actuel et remontée. Elle témoigne d'une option qui fut populaire à une certaine époque, mais qui a encore des adeptes aujourd'hui.

Cela dit, la maison Larivière, par ses dimensions moyennes et avec son toit à deux versants et sa cheminée centrale à double foyer, illustre bien le modèle de maison rurale du tournant du XIXe siècle dans Bellechasse, mais compatible avec l'environnement historique de l'île d'Orléans.

Par ailleurs, plusieurs éléments de menuiserie intérieure, par leur esthétique, indiquent que cette maison a appartenu à des propriétaires relativement aisés. Par exemple, l'escalier qui mène à l'étage. Alors que les maisons de cette époque ont souvent un simple escalier de meunier, ici, un soin particulier a été apporté à sa conception et à sa réalisation. Doté d'un palier, l'escalier tourne à 90 degrés. Son limon, un peu comme des armoires, comporte des panneaux d'assemblage réunis par des montants et des travers. Même les couleurs d'origine ont subsisté. L'ancienne charpente de toit a été conservée et mise en relief. L'étage compte plusieurs chambres aménagées par les propriétaires actuels. Matériaux et techniques relèvent de la tradition locale de construire. De plus, les

⬅ La façade de la maison Larivière fait face au fleuve.

⬆ La porte principale, avec sa contre-porte de planches clouées.

⬅ Les fenêtres à petits carreaux avec leurs chambranles classiques et les contrevents d'assemblage.

➡ Avec ses couleurs vives, la maison Larivière se détache sur le paysage orléanais et attire le regard.

propriétaires ont pris soin d'intégrer discrètement à leur maison les commodités modernes. Tout est bien pensé. On a par exemple tiré parti de plusieurs armoires encastrées pour entreposer des choses ou pour dissimuler des accessoires jugés anachroniques.

La maison Larivière trône sur une faible éminence qui vient mourir sur les rives du Saint-Laurent (chenal du Sud). Le terrain comporte plusieurs autres structures de facture traditionnelle : un bâtiment intégrant atelier de menuiserie, remise et garage ; un autre en cours de réfection ; et une petite laiterie en pierre. On trouve même à l'entrée des lieux la reconstitution minutieuse d'un calvaire, œuvre d'un propriétaire habile et imaginatif.

↑ Le propriétaire a installé dans ce charmant bâtiment son atelier de menuiserie et un petit garage. Un parfait exemple d'intégration.

← La menuiserie intérieure, typique du début du XIXe siècle, comporte notamment des lambris d'appui d'assemblage au bas des murs, et un bel exemple d'escalier parfaitement conservé.

↓ Un judicieux choix de couleurs met en valeur la menuiserie intérieure et procure une atmosphère chaleureuse.

⬆ Une petite laiterie, réplique d'un original anciennement à Saint-Pierre-de-l'Île-d'Orléans, occupe l'angle sud-ouest du terrain.

⬅ Inspiré, le propriétaire, habile artisan, a recréé ce petit calvaire en bordure de son chemin d'accès.

Maison Gourdeau
Saint-Jean-de-l'Île-d'Orléans

La maison Gourdeau, un des joyaux du patrimoine rural de l'île d'Orléans, occupe un site discret à proximité d'un autre édifice exceptionnel, le manoir Mauvide-Genest. À l'exemple de la plupart des vieilles chaumières de Saint-Jean-de-l'Île-d'Orléans, la maison Gourdeau se hisse au sommet du plateau dans un décor enchanteur. Rien n'indique son existence, sauf un petit panneau qui porte son nom et une montée sinueuse qui semble ne mener nulle part.

Tout à fait représentative de l'architecture rurale du XVIIIe siècle, la maison Gourdeau tient d'un modèle répandu sur l'île, datant de la fin du Régime français et des dernières décennies du XVIIIe siècle. Ce modèle reprend la forme du rectangle allongé, mais le toit à deux versants possède une croupe caractéristique à chaque extrémité, desquelles émerge le poinçon, prolongement extérieur d'une pièce importante de la charpente de toit. Les versants de toit se terminent à leur base par un léger égout. La répartition irrégulière des fenêtres à petits carreaux et la présence d'un appentis de maçonnerie sur le coin nord-est ajoutent aux caractéristiques de cette maison type.

Autre réussite des années 1970, quand les restaurations étaient nombreuses, la maison Gourdeau semble vivre dans un autre monde. En communion avec le plateau agricole, elle ressemble à une sentinelle chargée de surveiller une immense propriété dont la limite nord rejoint l'autre rive de l'île.

← La maison Gourdeau, une restauration exemplaire.

← Situé sur le plateau, le site de la maison procure de belles percées visuelles sur le fleuve.

↓ Comme beaucoup d'anciennes maisons de l'île d'Orléans, celle-ci comporte une petite pièce froide en maçonnerie située stratégiquement au coin nord-est du carré principal.

En outre, deux étangs enjolivent un vaste terrain aménagé, au relief irrégulier. Ici, l'entrée d'un caveau à légumes surgit. Là, des arbres gigantesques bordent un chemin sinueux. Juste derrière, un peu à l'écart, une remise en bois. Plus loin, un petit kiosque surplombe la rive sud de l'île et procure un splendide panorama du fleuve Saint-Laurent et de la région de Bellechasse. Et, derrière la maison, une grange-étable en pièces sur pièces complète le décor. Vous croyez que ce bâtiment se trouvait là à l'origine ? Eh bien, non. Il s'agit d'une grange-étable venue de Charlevoix, entièrement démontée, puis remontée sur le site actuel.

Quant à l'intérieur de la maison, il conserve la plupart des éléments de décor et des accessoires d'origine, ce qui en fait un ensemble remarquable.

En bref, la maison Gourdeau est un véritable bijou qui révèle la puissante volonté de valorisation du patrimoine de ses propriétaires inspirés.

↑ Le charme des bâtiments de ferme enjolivés de couleurs vives et d'arrangements floraux.

→ Sur le site, un caveau à légumes se dissimule dans un vallonnement.

La maison est emblématique du modèle typique de l'île d'Orléans, tel qu'on le construisait à la fin du Régime français.

La maison trône au milieu d'un site remarquable, très aéré, arboré, où deux étangs procurent calme et recueillement.

Maison Pepin-dit-Lachance
Saint-Jean-de-l'Île-d'Orléans

Les maisons de Saint-Jean-de-l'Île-d'Orléans, principalement construites au XIXe siècle, s'ordonnent tout au long d'une bande riveraine où niche le noyau villageois dominé par la belle place de l'église et son cimetière marin.

Seul le visiteur attentionné remarquera la silhouette des maisons de ferme en bordure du plateau, au-dessus de la bande riveraine. Il s'agit en fait de la portion frontale, visible, d'anciennes unités familiales d'exploitations agricoles. Une étroite route de terre, le chemin des Côtes, parcourt ce monde à part, en bordure du plateau, où maisons de ferme, granges et remises se succèdent à intervalles réguliers. Là-haut se trouve la maison Pepin-dit-Lachance qui fait partie d'un riche ensemble d'habitations, pour la plupart du XIXe siècle.

Dotée d'un avant-toit recourbé à l'avant, mais sans excédent de versant de toit sur les murs-pignons, cette maison illustre bien la transition douce qui s'est faite entre la maison du XVIIIe siècle, sans avant-toit retroussé, et le cottage du début du XIXe siècle, avec sa toiture qui déborde les façades et les côtés. Elle aurait d'ailleurs été construite en 1809 par Barthélémy Pepin dit Lachance, période charnière où le cottage rural semblait encore hésiter entre la tradition française et les influences anglaises.

De plan rectangulaire, la maison a été l'objet d'une restauration récente qui, tout en mettant en évidence ses traits les plus anciens, a conservé des éléments de décor inspirés de la période victorienne. On retrouve ainsi des murs

La maison Pepin-dit-Lachance très bien restaurée, joli carré de charpente aux fines proportions.

et des versants de toit recouverts de planches ou de bardeaux de bois.

Mais, quelque part au XIXᵉ siècle, un propriétaire sensible à la mode du temps a décidé d'appliquer autour des ouvertures des chambranles très élaborés, d'esprit victorien, qui confèrent à la maison son petit air délinquant.

Sur le versant nord du toit, une grande verrière procure un ample éclairage à l'intérieur, au niveau du grenier. La maison occupe un joli terrain bien aménagé. Un bâtiment secondaire se trouve dans l'un des angles. Érigé en bois, aux couleurs semblables à celles du bâtiment principal, il constitue un bel exemple d'intégration.

↑ En retrait à l'arrière, cette remise s'harmonise avec la maison par sa forme, ses matériaux traditionnels et ses couleurs.

← Vue arrière de la maison. On a percé le versant arrière d'une verrière qui éclaire les combles.

Maison Gagnon-Plumpton
Sainte-Famille

La maison Gagnon-Plumpton s'impose littéralement au regard du promeneur, car, à l'exemple de beaucoup de maisons anciennes, elle jouxte la route principale qui ceinture l'île d'Orléans. Et puis son verger semble témoigner du cycle incessant des saisons. De nombreuses familles et lignées s'y sont succédé : Doyon-Lacroix, Dallaire, Ouimet, Turcot et Gagnon.

Située en dehors du noyau villageois de Sainte-Famille, la maison occupe le côté nord de la route et contemple toute la Côte-de-Beaupré et la chaîne des Laurentides. Le terrain légèrement pentu se prolonge jusqu'aux battures du fleuve (chenal de l'île d'Orléans). Selon la tradition orale, cette noble et vieille demeure paysanne aurait été construite en 1697 et 1698, puis agrandie au XVIIIe siècle.

Ce qui frappe, c'est le dépouillement des formes de cette maison, réduites à leur plus simple expression : toit très pentu, carré allongé, murs en pierre, menuiserie traditionnelle, éléments de charpente visibles sur les pignons. Ces caractéristiques rattachent la maison aux plus anciens modèles de l'île d'Orléans, mais elle n'est pas morne pour autant. Les surfaces murales, par exemple, contribuent à la rendre attrayante. C'est que la maçonnerie se compose d'une grande variété de pierres : moellons entiers, éclats divers, petites et grosses pierres des champs. Leur disposition varie d'une manière tout à fait imprévisible, et la couleur ajoute à l'effet bigarré : tons de rouge, de brun, de noir, de beige et de jaune s'entremêlent pour former un sympathique pot-pourri.

Le mur-pignon ouest de la maison Gagnon-Plumpton.

← Un bâtiment secondaire traditionnel accompagne la maison.

↓ L'élégance de cette maison tient sans doute à la simplicité de ses matériaux, à ses proportions parfaites et à ses couleurs évoquant le milieu physique environnant.

La maison conserve encore, du côté est, son revêtement de bardeaux. Il était en effet fréquent de retrouver dans la région de Québec, sur des maisons de pierre relativement anciennes, ce type de recouvrement destiné à protéger la maison des intempéries et des vents dominants. Le revêtement devait aussi posséder des propriétés isolantes, puisque les murs de pierre n'étaient pas très chauds l'hiver.

Détail inusité, on peut facilement distinguer, du côté du chemin, une grosse sablière qui parcourt le haut du long-pan sur toute sa longueur. Il s'agit là d'un important élément de charpenterie sur lequel s'appuient les pièces de la charpente.

La maison se présente donc aujourd'hui sans fard, telle qu'elle devait être à un âge sans doute très ancien. Cette belle restauration fut réalisée dans les années 1970 par son propriétaire actuel, Arthur Plumpton.

↑ En façade, une sablière est visible à la rencontre du versant.

← La couleur des fenêtres rappelle les teintes de la pierre des murs.

↓ Un recouvrement de planches et de bardeaux de bois protège des intempéries le mur-pignon du nord-est, le plus malmené.

Maison Morency-Demers
Sainte-Famille

La maison Morency-Demers, surnommée « La Brimbale » de 1958 à 1973 par le propriétaire d'alors, fut construite vers 1720. Elle forme, avec sa célèbre consœur, la maison de l'Âtre, un ensemble pittoresque sur fond de scène laurentien. La maison de l'Âtre, autrefois un restaurant renommé, prend place à quelques mètres du côté ouest. Elle comporte deux sections, dont une pourrait remonter au Régime français. Ses caractéristiques architecturales ressemblent beaucoup à celles de la maison Morency-Demers, et les deux maisons témoignent d'un phénomène fréquent sur l'île d'Orléans : les maisons bâties en plusieurs étapes. On construisait d'abord un premier corps d'habitation, puis on l'agrandissait en l'allongeant. Ici, on aurait d'abord édifié une première unité d'habitation correspondant à la partie « ouest », avec sa salle commune, sur laquelle donnaient le foyer et son four à pain. L'allongement aurait été fait ultérieurement, à une date inconnue.

Le versant avant de la toiture se termine par l'égout caractéristique des maisons du XVIIIe siècle, mais allongé pour former un avant-toit. Les fenêtres dépouillées, aujourd'hui à grands carreaux, devaient à l'origine comporter des battants à petits carreaux.

Autres caractéristiques de ce modèle : une laiterie occupe toujours l'angle nord-est du bâtiment et la façade s'oriente vers le sud. Et le seul élément décoratif dans cet ensemble est la souche de cheminée ornée de son cordon.

Pendant plusieurs années de la première moitié du XXe siècle, la maison fut laissée dans un état lamentable, sans entretien. Une photographie de 1925 la montre servant de hangar. Ce n'est qu'à la fin des années 1950 qu'on a décidé de la retaper. De 1958 à 1973, la maison ouverte au public proposait des activités culturelles diverses. Elle a été classée comme monument historique en 1962.

La maison Morency-Demers, aussi appelée La Brimbale.

↑ À côté, une maison bien connue, presque sa jumelle, abritait le restaurant *L'Âtre*.

← Les portes et les fenêtres sont conformes aux modèles traditionnels.

 Sur la façade avant, un avant-toit avec son plafonnement indique
une adaptation timide de la maison à la mode du début du XIXe siècle.

141

Autres **MAISONS** incontournables

Vous avez eu l'occasion, dans la première partie de ce livre, de visiter six régions remarquables en regard de la richesse de leur patrimoine architectural. Mais n'oublions pas que plusieurs bâtiments exceptionnels, ou présentant une valeur didactique particulière, ne se retrouvent pas nécessairement dans ces ensembles.

Voici donc, dans cette seconde partie, un choix de cinq maisons disséminées un peu partout sur le territoire québécois. Malgré que leur situation géographique en dehors des grands ensembles que nous avons identifiés n'ait pas permis de les regrouper, nous les avons retenues parce qu'elles constituent des témoins exceptionnels de l'architecture domestique de la fin du XVIIIe siècle ou du début du XXe siècle

La majorité se retrouvent aujourd'hui en milieu urbanisé, ou à proximité de milieux urbanisés. Elles présentent donc une valeur architecturale intrinsèque, le paysage rural environnant ayant disparu. Mais d'autres nichent, miraculeusement, dans un environnement encore intègre.

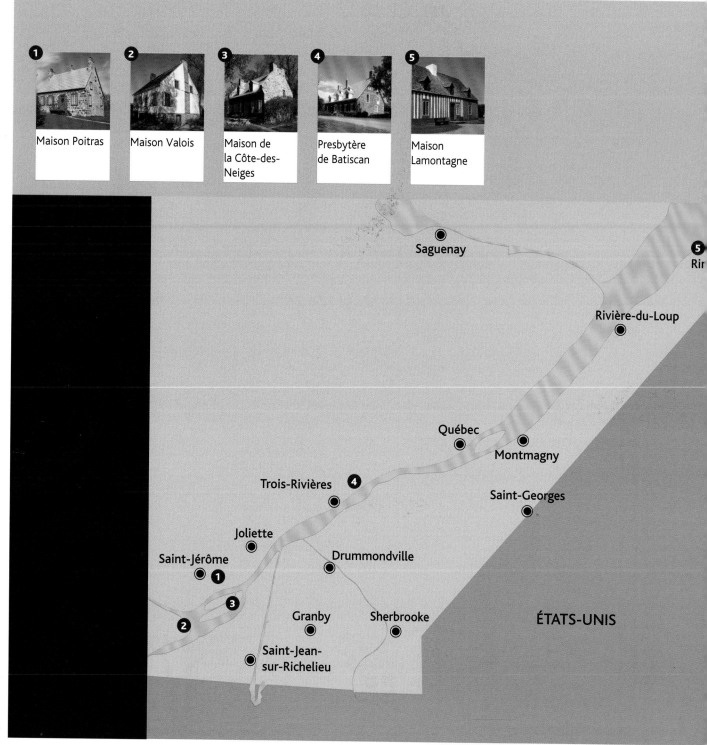

1 Maison Poitras

2 Maison Valois

3 Maison de la Côte-des-Neiges

4 Presbytère de Batiscan

5 Maison Lamontagne

5 Rir

Saguenay

Rivière-du-Loup

Québec

Montmagny

Trois-Rivières 4

Saint-Georges

Joliette

Drummondville

Saint-Jérôme 1

3

Granby

Sherbrooke

ÉTATS-UNIS

2

Saint-Jean-sur-Richelieu

Disséminées sur le territoire québécois
Des habitations rurales toujours fières

Un peu d'histoire

L'urbanisation ayant fait son œuvre, ou encore tout simplement l'usure du temps, bien des maisons exceptionnelles se retrouvent aujourd'hui isolées, que ce soit dans des zones urbanisées ou encore tout simplement dans des zones rurales dont la densité d'occupation du sol était traditionnellement faible. Ces habitations, par leurs caractéristiques architecturales et leur bon état de conservation, constituent des repères essentiels dans un paysage aujourd'hui souvent passablement transformé.

À ne pas manquer

Dans ce chapitre, certaines maisons se retrouvent dans des secteurs aujourd'hui urbanisés, comme à Vaudreuil-Dorion, Montréal et Rimouski. Mais d'autres font cependant exception. Il en est ainsi de la maison Poitras à L'Épiphanie, dans la région de Lanaudière. Et pourquoi pas une balade non loin de là vers Saint-Jacques, notamment dans les rangs Saint-Jacques, La Grande Ligne et La Petite Ligne, où vous découvrirez un coin de pays insoupçonné, avec ses imposantes silhouettes massives en pierre. Prenez aussi la direction de Batiscan, un peu à l'est de Trois-Rivières sur la rive nord du Saint-Laurent. Le vieux presbytère, situé un peu à l'écart de la route dans un site bien aménagé en bordure du fleuve, constitue une halte agréable pour les voyageurs circulant entre Trois-Rivières et Québec. Et si vous continuez à longer le fleuve en direction est sur la route 138, vous accéderez à une autre région intéressante dont nous parlons dans ce livre, la région de Portneuf.

Maison Poitras
L'Épiphanie

La maison Poitras est un autre cas intéressant où les restaurateurs ont décidé de redonner à la maison son caractère d'origine, après l'avoir débarrassée de ses ajouts du XIXe siècle. Elle aurait été construite à la fin du XVIIIe siècle, du moins si l'on en croit l'inscription « 1785 » gravée dans la pierre au-dessus de l'entrée principale.

La maison occupe un bel et vaste emplacement en bordure de la rivière de l'Achigan, à peu de distance du cœur du village de L'Épiphanie. Ce terrain avait été concédé à Louis Beaudry en 1739, puis il passa successivement à Jean-Baptiste Bachand et à Louis Boissel. Ce dernier, qualifié tantôt de maçon, tantôt de menuisier, pourrait être le bâtisseur de la première maison en bois. Plus tard, l'épouse de Boissel se remaria avec François Proulx qui pourrait avoir construit la maison en pierre actuelle. En 1828, la terre et une maison en pierre furent vendues à Louis Beloin Nantel, puis à Louis Poitras en 1841. La famille Poitras occupera la maison jusqu'en 1979.

Avant la restauration de la maison, les murs extérieurs étaient recouverts d'un enduit uniforme dont les faux joints imitaient la pierre de taille. Les versants de toit se prolongeaient au-delà du nu des murs gouttereaux et une grande galerie couverte parcourait la façade avant. Vraisemblablement apparus au milieu du XIXe siècle, ces ajouts s'inspiraient du néo-classicisme et du mouvement pittoresque. On

La maison Poitras, en bordure de la rivière de l'Achigan.

→ Tous les détails sont importants dans la restauration et la mise en valeur d'une maison traditionnelle, y compris le chemin d'accès. Ici, un joli pavé de pierres plates aux tons de gris.

les enleva lors de la restauration et aujourd'hui la maison Poitras est certainement proche de l'état originel. La silhouette de cottage aux formes influencées par le Pittoresque a disparu au profit d'une petite maison rurale en pierre dont les surfaces murales sont animées par le jeu des nombreuses taches sombres des pierres entourées de larges joints de mortier blanc.

Aux trois souches de cheminées qui émergent du toit correspondent à l'intérieur trois foyers avec piédroits et linteaux de pierre. Des armoires encastrées et de belles portes de menuiserie pourvues de leur quincaillerie d'origine enrichissent le décor.

Située à bonne distance de la route, la maison se dresse fièrement dans un paysage plutôt plat et elle rappelle les implantations de ferme typiques de la région. Sise au bout d'un petit chemin d'accès formé de belles et grandes pierres plates, accompagnée d'une jolie remise en bois et ceinturée d'une clôture pittoresque, la maison Poitras est un exemple de conservation qui allie la simplicité et le bon goût.

On a fait le choix de la couleur verte pour rehausser et réunir les éléments de menuiserie de la maison et cette porte d'un bâtiment secondaire.

Maison Valois
Dorion

Construite en 1796 pour Joachim Génus, habitant et capitaine de milice, la maison Valois tient son nom de Joseph Valois, cultivateur de Vaudreuil, qui en avait fait l'acquisition en 1830.

Aujourd'hui, le carré de la maison est en pièces sur pièces recouvertes de planches verticales appelées à l'époque « planches debout ». Les cheminées disposées en chicane, comme on l'observe souvent dans la région de Montréal, possèdent un petit cordon décoratif en pierre au sommet de leur souche.

Un inventaire de biens dressé en 1840 nous donne une bonne idée de l'occupation de l'espace intérieur. On y trouve une cuisine, une salle, un cabinet (probablement une pièce sans fenestration) et des espaces réservés au sommeil, soit une grande chambre et une autre pièce située au « fond de la maison ». Cette description correspond assez à celles que nous possédons d'intérieurs d'époque qui comprenaient, d'une part, les espaces fonctionnels (salles et/ou cuisine) et, d'autre part, les espaces réservés au sommeil (chambres et cabinets).

Lorsque la maison est cédée à Joseph Valois en 1830, ce dernier construit une cuisine d'été sur le mur-pignon est. À la fin du XIXᵉ siècle, à la suite d'autres modifications, la maison adopte une apparence nouvelle : larges galeries à l'avant et à l'arrière, crépi sur certains murs et toiture percée de lucarnes. Ces transformations

La maison Valois, un carré de pièces recouvertes de planches verticales, à la mode de la fin du XVIIIᵉ siècle.

↑ On a décidé de laisser visible la masse de cheminée.

l'assimilent alors au modèle de cottage typique de la vallée du Saint-Laurent.

Au moment de sa restauration, dans les années 1970, on choisit de remettre la maison dans un état nettement antérieur, qu'on estime proche de l'état originel. On débarrasse donc la maison des vastes galeries, de l'avant-toit débordant et des lucarnes, ajouts jugés inopportuns.

Ce genre de restauration, qu'on pourrait qualifier de « stylistique », avait été instauré en France par l'architecte Viollet-le-Duc. Cette philosophie permit aux restaurateurs québécois, au plus fort de la période nationaliste, de débarrasser le bâtiment d'ajouts qui déparaient l'architecture « d'esprit français ».

La maison a été classée monument historique en 1972. Elle est aujourd'hui propriété municipale et s'intègre à un joli parc sur les rives de la baie de Vaudreuil.

↑ Restaurées avec soin, les fenêtres adoptent le modèle français, avec leurs contrevents barrés à queue d'aronde.

← Une dalle faite de deux planches forme un canal en V. D'élégantes pièces de métal la supportent.

Maison de la Côte-des-Neiges
Montréal

Il faut faire abstraction de l'actuel quartier de la Côte-des-Neiges pour nous rappeler que, à la fin du XVIIIᵉ siècle, la campagne s'étendait au pied du mont Royal. À cette époque, trouvant le site propice, Joseph-Henri Jarry dit Henrichon y acheta un terrain et construisit une maison. La suite de l'histoire est surprenante.

Même si, d'après certains écrits, cette maison daterait de 1713, il est plus réaliste de penser qu'elle aurait été construite entre 1751 et 1781, quand Henrichon acheta à Antoine Boudrias un terrain dans le but d'y bâtir une tannerie. Dans un document de 1781, on mentionne l'existence d'une maison en pierre grise sur le site. De 1802 à 1907, la maison est habitée par des membres de la famille Lacombe, puis des cultivateurs, des tanneurs et des marchands s'y succèdent dans un décor rural paisible.

Plus tard, en 1907, lors de l'annexion du secteur à la ville de Montréal, l'urbanisation met en danger l'existence même de la maison. Au début des années 1920, des immeubles d'habitation poussent çà et là, modifiant le paysage local. Le propriétaire de la maison à cette époque, l'architecte Gratton Thompson, y apporte quelques modifications et en profite pour en dresser les plans détaillés.

À la fin de la Seconde Guerre mondiale, le quartier continue de se transformer. Dans les années 1950, la construction de l'Université de Montréal, de l'oratoire Saint-Joseph et d'hôpitaux oblige les autorités municipales à élargir le chemin de la Côte-des-Neiges, l'un des principaux accès au centre-ville par le mont Royal. Estimant le déplacement de la maison trop coûteux, on opte en 1957 pour sa démolition, mais, peu de temps après, l'opinion

← La maison de la Côte-des-Neiges, rescapée des années 1950.

↑ La maison occupe un site arboré à l'entrée du cimetière Notre-Dame-des-Neiges.

publique s'étant alarmée, la Commission des monuments historiques du Québec, en collaboration avec la fabrique Notre-Dame, confie à l'architecte Victor Depocas la tâche de reconstruire la maison sur le terrain du cimetière. Évidemment, les plans de Gratton Thompson sont d'un précieux secours, mais seul l'extérieur est reproduit fidèlement. La maison est tout de même classée comme monument historique en 1957.

À cette époque, les techniques de restauration tenaient davantage de l'imitation que d'un véritable savoir-faire. Par exemple, quand on examine la taille des pierres, on constate qu'elles ont d'abord été sciées. Ensuite, on a tracé le fini au ciseau sur la surface. Si la pierre avait été taillée selon le procédé traditionnel, le fini aurait été rendu « naturellement ».

Ce cas est intéressant, car il illustre une option de conservation, courante dans les années 1960, qui n'a plus cours aujourd'hui, alors que le rapport authentique du monument avec son histoire est primordial. Compte tenu de tout cela, la maison de la Côte-des-Neiges présente surtout un intérêt pédagogique.

↑ Influencée par l'architecture urbaine environnante, la maison possédait des murs coupe-feu.

← Mal entretenue, la maison semble encore une fois abandonnée à son sort.

Presbytère de Batiscan
Batiscan

À propos du presbytère de Batiscan, on peut parler d'une vocation manquée, puisque le curé de la paroisse n'y a habité que durant quelques années.

L'emplacement de ce presbytère nous étonne aujourd'hui, car il se trouve à l'écart du noyau villageois actuel. Mais il faut savoir que, à la fin du XVIIᵉ siècle et au XVIIIᵉ siècle, Batiscan s'articulait autour de ce vieux presbytère. Ce n'est qu'en 1866 que la fonction paroissiale s'est déplacée à l'est, à l'emplacement actuel.

Le premier presbytère fut construit en 1696 aux frais du curé Nicolas Foucault. Quelques années plus tard, devenu vétuste et ayant subi plusieurs inondations, il fut remplacé, à l'instigation des paroissiens, par un bâtiment plus convenable. Économes, les marguilliers stipulèrent dans le cahier des charges que l'entrepreneur devait récupérer les matériaux de l'ancien presbytère, soit la pierre, le granite, le mortier (étonnant...), les clous, les vitres, les ferrures, le bois, les planches et les planchers. La nouvelle construction fut achevée en 1816. Ironiquement, le curé de la paroisse ne l'occupera qu'à compter de 1835, puis le bâtiment perdit sa fonction presbytérale en 1866, quand un autre édifice fut construit plus à l'est. Entretemps, en 1855, pour rendre le presbytère un peu plus attrayant, on lui ajouta un avant-toit retroussé, des chambranles et sans doute un porche sur la façade principale. Une cuisine fut aussi accolée à la façade nord. Ainsi, son apparence se rapprocha du cottage alors en vogue dans la vallée du Saint-Laurent, et ses

Le curé de la paroisse n'habita que durant quelques années le presbytère de Batiscan.

éléments de menuiserie reçurent une teinte de néoclassicisme.

En 1876, le bâtiment passa aux mains d'une famille de cultivateurs, jusqu'en 1926, alors qu'un nouveau propriétaire le restaura, lui ajoutant notamment des lucarnes, et en fit sa résidence d'été. L'intérieur, quant à lui, n'a subi aucune transformation significative depuis le milieu du XIXe siècle.

Cela dit, l'intérieur du presbytère demeure une énigme. On y trouve en effet, parfaitement conservés, tous les éléments de menuiserie ancienne d'une maison de campagne de la première moitié du XIXe siècle : cloisons de planches embouvetées, chambranles moulurés, tringles, portes d'assemblage, vitrages anciens, planchers de madriers, quincaillerie fonctionnelle comprenant pentures et gonds, etc. Le plus étonnant, c'est que tous ces éléments en bois sont à l'état naturel, sans aucune peinture. L'intérêt didactique de l'intérieur de ce bâtiment est donc exceptionnel.

↑ L'intérieur exceptionnel de l'édifice conserve presque parfaitement toute la menuiserie authentique du début du XIXe siècle.

← Contrairement à l'intérieur, l'extérieur a subi plusieurs modifications aux ouvertures et aux éléments de décor architectural.

Maison Lamontagne
Rimouski

Quelle surprise de retrouver si loin des régions de Montréal et de Québec une maison si typique des premières constructions de la vallée du Saint-Laurent ! Utilisée longtemps comme simple hangar, la maison Lamontagne, érigée vers 1750, est un spécimen très rare au Québec.

Peut-être faut-il y voir l'influence de la famille qui est à l'origine de sa construction ? En effet, la maison pourrait avoir été construite à l'instigation de Marie-Agnès Lepage, fille du seigneur local, qui à l'occasion de son mariage avec Basile Côté, en 1744, reçut en cadeau une terre de sept arpents de largeur sur deux lieues de profondeur. Pierre Lepage père était un descendant direct de la famille Lepage débarquée en 1663 en Nouvelle-France, en provenance d'Auxerre, en Bourgogne.

La maison comporte en fait deux parties. La première, érigée en colombage pierroté, serait apparue dans la seconde moitié du XVIIIe siècle.

Au début du siècle suivant, la fille de Marie-Agnès Lepage, Geneviève, aurait fait construire une rallonge accolée au mur est du carré initial. On aurait ainsi ajouté, dans le prolongement du premier carré, une seconde partie en poteaux sur sole. La rallonge servait de cuisine d'été ; et l'hiver elle se transformait en garde-manger où l'on conservait les denrées périssables.

Le toit à deux versants est supporté par une lourde charpente française qui aurait pu soutenir une charge beaucoup plus importante que le simple recouvrement de planches et de bardeaux des origines. Mais, tradition oblige... À la souche de cheminée dans le centre du faîtage correspond à l'intérieur une immense masse de cheminée séparant deux salles communes, division fréquente dans les maisons rurales des XVIIe et XVIIIe siècles.

Dans ce type d'occupation de l'espace intérieur, la cheminée centrale comportait deux

← La maison Lamontagne, témoin miraculeux de techniques très anciennes de construction française.

Une partie du carré de la maison est à colombages, soit des poteaux verticaux accolés les uns aux autres et réunis à leur extrémité par de grosses pièces de bois.

foyers, un pour chaque salle. Toutes les activités de la vie quotidienne se déroulaient dans ces deux salles. L'une servait aux tâches reliées à l'alimentation : préparation des aliments, cuisson et consommation, le plus souvent sur une table dressée pour l'occasion. Dans l'autre salle, réservée au sommeil, on trouvait les lits, dont le « lit cabane » qui assurait, avec son enceinte en planches, un peu d'intimité aux parents.

La maison Lamontagne représente donc un modèle répandu dans la vallée du Saint-Laurent à la fin du XVIIᵉ siècle et au début du XVIIIᵉ siècle, modèle qui fut rapidement remplacé par la maison dite de pièces sur pièces. Elle demeure donc l'un des rares témoins de ce procédé de construction en Amérique du Nord.

Découverte dans les années 1970, la maison Lamontagne a été classée comme monument historique en 1974. Par la suite, la municipalité de Rimouski-Est (aujourd'hui annexée à Rimouski) la mit en valeur et en fit un centre d'interprétation de la vie quotidienne et un lieu d'animations culturelles.

⬆ La charpente complexe, typique de la période française, supporte aisément un toit de planches et de bardeaux.

➡ Dans ces maisons du XVIIIᵉ siècle, le plafond était souvent absent : les madriers du grenier recouvraient le rez-de-chaussée.

CONSEILS pour la rénovation

Les maisons les plus anciennes, étant donné qu'elles se situent à une période où des changements morphologiques sensibles se produisent dans leur évolution, exigent certaines précautions si l'on souhaite préserver leur identité ou mettre en valeur les premiers éléments architecturaux témoignant de changements dans la tradition de construire. Plusieurs mesures sont communes à différents types ou styles de maisons, alors que d'autres sont spécifiques à certains modèles.

Vous trouverez donc, dans les pages suivantes, quelques conseils pratiques quant aux réparations, modifications ou rénovations à apporter aux modèles de maisons de la seconde moitié du XVIIIe siècle et du début du XIXe siècle. Ces conseils s'appuient sur des principes généraux de conservation et sur l'observation de spécimens anciens, dont plusieurs sont présentés dans ce livre.

1

Jointoiement des pierres murales

Beaucoup de propriétaires se demandent si un mur de maçonnerie doit être recouvert d'un enduit ou jointoyé. Il n'y a pas de règle à cet égard, sauf de préférer l'un ou l'autre dans la mesure où des informations historiques, la présence d'une forte tradition locale ou de vieilles photographies montrent le bâtiment dans un état qu'il nous est permis de croire proche de l'état originel. Si un mur présente des irrégularités inhérentes à la nature de la pierre, on peut envisager d'appliquer plusieurs couches d'enduit afin d'obtenir une surface plus régulière. Dans les cas où la maçonnerie n'est que rejointoyée, les joints sans artifice doivent recouvrir les interstices des pierres jusqu'à leur parement. On obtiendra ainsi, selon la nature et les irrégularités de la pierre, des joints étroits ou des joints recouvrant une large partie de la surface de la pierre. Il s'agit d'un choix d'abord pratique.

↑ Maçonnerie vive, sans enduit ni joint. À éviter.

↑ Maçonnerie de moellons et de pierres des champs, de forme irrégulière. Les joints sont variables, car ils recouvrent les irrégularités de la pierre.

↑ Maçonnerie de moellons équarris. L'appareillage des pierres permet des joints réguliers.

↑ Il suffit d'une légère infiltration à son sommet ou à proximité d'une ouverture pour qu'un mur de maçonnerie se dégrade au point qu'on doive refaire les joints. Ici, travaux de rejointoiement sur une maison du milieu du xixe siècle. Les travaux sont effectués par Les Artisans du Fjord (www.lesartisansdufjord.com), coopérative de travail de métiers traditionnels fondée à Sainte-Rose-du-Nord, au Saguenay.

2

Enduits muraux

Dans l'architecture traditionnelle, les enduits muraux étaient composés de chaux éteinte et de sable. Le sable renforçait l'enduit. L'application des enduits était graduelle, c'est-à-dire qu'on commençait avec un enduit grossier, et les autres étaient de plus en plus fins. Trois enduits constituaient la norme.

Sur un lattage de bois, le premier enduit, brut, était composé d'une partie de chaux pour une partie et demie de sable grossier. À ce mélange, on pouvait ajouter des poils ou des fibres végétales pour en augmenter l'élasticité.

Sur une surface de maçonnerie, la proportion était différente. On utilisait une partie de chaux pour trois parties de sable grossier. La deuxième couche d'enduit comportait une partie de chaux pour trois parties de sable plus fin. Quant à la troisième couche, elle consistait en un enduit fin, essentiellement de la chaux. L'application demandait une technique particulière. Le premier enduit était projeté sur le mur, puis stabilisé par grands gestes, et lissé. L'objectif était d'obtenir la densité, la solidité et un séchage rapide. La dernière couche était appliquée avec beaucoup plus de soin, flattée à l'aide d'une large truelle, puis lissée.

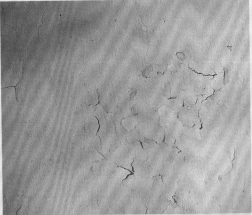

[↑] Enduit de chaux sur une surface régulière (photo du haut).
Enduit de chaux sur une surface irrégulière (photo du bas).

Des ouvertures à changer ?

À cause de l'usure du temps et du climat, les fenêtres originales des maisons ont souvent besoin d'être changées. La fenêtre est une caractéristique essentielle de la maison et le modèle choisi déterminera largement l'apparence finale du bâtiment.

Les maisons les plus anciennes comportent des fenêtres dites françaises, constituées de deux battants mobiles qui pivotent sur des gonds. Chaque battant se divise en petits carreaux délimités par de petits meneaux. Dans les maisons paysannes en pierre, il n'y a pas d'encadrement décoratif (chambranle) autour de l'ouverture et la huisserie est visible.

Au début du XIXe siècle, les fenêtres à six carreaux, soit trois carreaux par battant, deviennent à la mode. Les fenêtres à petits carreaux des modèles très anciens sont souvent remplacées par ce modèle plus récent.

Aujourd'hui, on peut remplacer des fenêtres abîmées ou d'un modèle inapproprié par des fenêtres françaises à petits ou à grands carreaux. Mais il est certain que la fenêtre à petits carreaux rappellera au premier coup d'œil le caractère très ancien d'une maison.

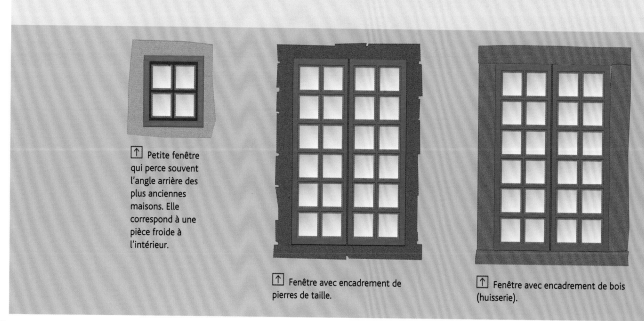

↑ Petite fenêtre qui perce souvent l'angle arrière des plus anciennes maisons. Elle correspond à une pièce froide à l'intérieur.

↑ Fenêtre avec encadrement de pierres de taille.

↑ Fenêtre avec encadrement de bois (huisserie).

Les contre-portes d'une maison auront avantage à être simples. Nous avons illustré ici deux modèles fréquents. La contre-porte constituée de planches clouées (à droite) était à l'époque peu coûteuse et très résistante.

La porte d'assemblage constituée de montants, de travers et de panneaux (ci-dessous) constitue un autre modèle de référence.

↓ Porte extérieure à panneaux d'assemblage.

↓ Porte extérieure de planches clouées.

4

Petits ou grands carreaux ?

Au début du XIXe siècle, par suite d'influences stylistiques anglo-saxonnes, des changements significatifs apparaissent dans la conception des portes et des fenêtres.

Dans la vallée du Saint-Laurent, l'ancienne fenêtre à battants à petits carreaux disparaît au profit de la fenêtre à six carreaux, soit trois carreaux par battant. Ce modèle devient la norme, même si des fenêtres à guillotine apparaissent. On retrouvera donc ces fenêtres à battants sur la plupart des maisons paysannes construites au début du XIXe siècle, mais aussi sur des maisons plus anciennes dont on aura remplacé les fenêtres originales. Les portes principales percées d'une fenêtre à grands carreaux dans la partie supérieure et les portes principales surmontées d'une imposte vitrée font aussi leur apparition.

Doit-on remettre en place des fenêtres originales à petits carreaux sur une très ancienne maison qu'on a dotée de fenêtres à grands carreaux ? Pas nécessairement. Tout dépend de l'option choisie pour la rénovation de l'ensemble de la maison.

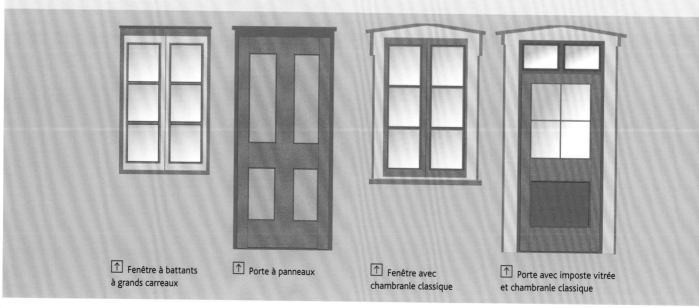

↑ Fenêtre à battants à grands carreaux

↑ Porte à panneaux

↑ Fenêtre avec chambranle classique

↑ Porte avec imposte vitrée et chambranle classique

5

Entourages classiques

À compter du début du XIXᵉ siècle, s'installe une pratique qui consiste à décorer les ouvertures par des chambranles. La popularité du classicisme incite les gens à reprendre le vocabulaire de l'antiquité gréco-romaine, notamment la colonne dorique. On adapte ainsi des principes très anciens à la mode nouvelle. Le sommet de l'ouverture comporte l'architrave, la frise et la corniche, ou une sim-plification de ces éléments. Sur les côtés, on trouve des piédroits ou des planches verticales tenant lieu de colonnes ou de pilastres antiques. Au socle de la colonne ou à la base du temple grec correspond la partie inférieure de l'ouverture, ou appui. La conservation des chambranles est essentielle si l'on veut garder à la maison son caractère ancien.

↓ → L'entablement, formé de la corniche (A), de la frise (B) et de l'architrave (C). Le chapiteau de la colonne dorique (D). Le fût de la colonne (E). Le socle de la colonne dorique (F) ou la base du temple (G).

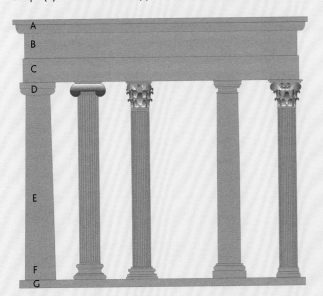
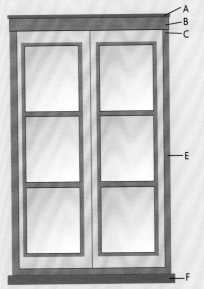

6

Quel modèle de contrevent ?

Au XVIIIᵉ siècle, on utilisait couramment les contrevents dans l'architecture française de la vallée du Saint-Laurent. Aujourd'hui, beaucoup de propriétaires réinstallent, avec raison, cet élément de menuiserie aux fenêtres de leur maison. Le choix du modèle est important, mais sa facture l'est encore plus : recourir à un modèle ancien de contrevent, dont la fabrication ne fait qu'imiter un procédé ancien tout en le dénaturant, produira l'effet contraire à celui souhaité.

Le modèle typique et incontournable de l'art du menuisier français est le contrevent barré à queue d'aronde assemblé avec des chevilles (modèle A). Un autre modèle, souvent oublié, est le contrevent à emboîtures (modèle B). On pourra aussi avoir recours à un modèle plus simple constitué de planches verticales maintenues par deux barres horizontales clouées (modèle C). Un autre modèle, le contrevent à panneaux d'assemblage, est constitué de panneaux de bois réunis par des montants et des traverses (modèle D). Ce dernier modèle est une référence pour la première moitié du XIXᵉ siècle.

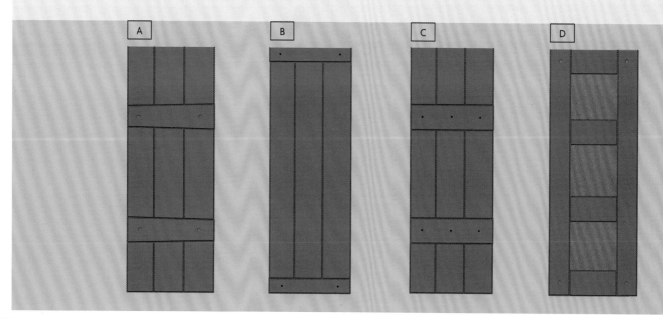

⬇ Modèle barré à queue d'aronde (modèle A), avant et après l'assemblage (les chevilles ne sont pas enfoncées complètement pour des raisons de compréhension).

⬇ Modèle à emboîture (modèle B), avant et après assemblage (les chevilles ne sont pas enfoncées complètement pour des raisons de compréhension).

7

Attention à la disposition des ouvertures!

Dans les maisons les plus anciennes, on remarque fréquemment en façade quatre ouvertures : trois fenêtres et une porte. Mais, comme plusieurs maisons ont été allongées, on en retrouve avec plus de quatre ouvertures en façade. De tels exemples existent notamment à l'île d'Orléans. Au début du XIXe siècle, avec la mode du classicisme, la symétrie devient la norme.

Il est très important de conserver la disposition originelle des ouvertures en façade. Sur les autres façades moins exposées aux regards, il est moins important de conserver cette disposition. Par exemple, si la façade arrière est cachée, on pourra plus facilement se permettre d'ajouter une fenêtre ou d'agrandir une fenêtre existante. De même sur les façades latérales, mais la chose est plus délicate et doit être évaluée minutieusement.

→ Disposition fréquente des ouvertures de façade au début du XIXe siècle. La symétrie des ouvertures tient compte, la plupart du temps, des lucarnes du toit et des soupiraux de la cave.

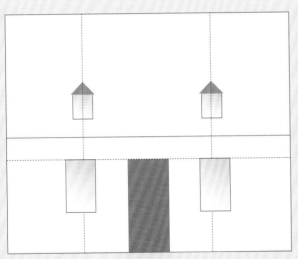

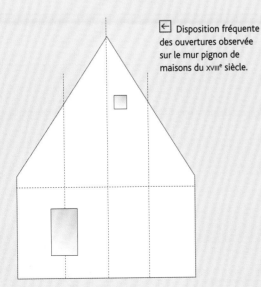 Disposition nouvelle des ouvertures observée en façade de maisons de la première moitié du XIXe siècle.

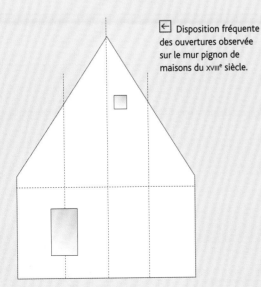 Disposition fréquente des ouvertures observée sur le mur pignon de maisons du XVIIIe siècle.

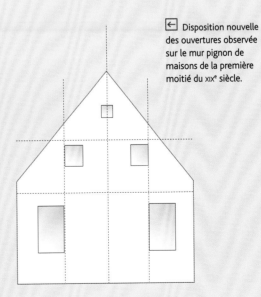 Disposition nouvelle des ouvertures observée sur le mur pignon de maisons de la première moitié du XIXe siècle.

177

8

Modèle et emplacement des galeries

Dans les maisons les plus anciennes, construites au XVIIIe siècle, les véritables galeries sont absentes la plupart du temps, puisque ces maisons sont généralement au ras du sol. On observera plutôt la présence d'un perron, souvent sans garde-corps. La galerie avec garde-corps, en façade ou en périphérie du corps principal, apparaît au début du XIXe siècle sous l'influence du courant pittoresque.

↓ Dans les maisons les plus anciennes, un simple perron en bois brut sans mouluration, avec pontage en madrier et escalier dans le même esprit, convient très bien.

→ Dans certains cas, par exemple quand la dénivellation du terrain nous oblige à mettre en place une galerie, l'utilisation de grosses pièces de bois assemblées à tenons et à mortaises, inspirées des plus vieilles charpentes de toit, convient tout à fait. On a choisi cette option dans la restauration des maisons de la place Royale à Québec.

← Il arrive que de très anciennes maisons soient pourvues de galeries avec balustrades et garde-corps dans l'esprit classique du XIXᵉ siècle. Il s'agit d'ajouts postérieurs à la construction. On peut choisir de les conserver pour mettre en évidence différentes étapes de l'évolution d'une maison.

9

Le toit, expression de la personnalité

La toiture est l'élément marquant de la silhouette d'une maison traditionnelle, d'où l'importance d'en conserver les caractéristiques lors d'une rénovation. En plus du revêtement de la toiture, il faut accorder une attention particulière aux endroits où les versants de toit rencontrent les murs. Dans les maisons les plus anciennes, les moulures et les corniches de toit sont absentes.

↑ Dans cette maison construite vers 1756, dont certains détails sont particulièrement bien conservés, le versant de toit déborde à peine le nu du mur avant. On a bouché les interstices entre le mur et les planches du toit avec un mélange à base de paille.

↑ Dans cette maison restaurée, on note la présence d'une sablière visible en extrémité et en façade.

↑ Dans cette maison partiellement restaurée, le versant de toit forme un avant-toit dont le dessous a été recouvert de planches, résultat probable d'une modification très ancienne à mi-chemin entre le toit original et le toit typique du XIXᵉ siècle. Cette modification postérieure a été conservée.

↑ Dans cette maison restaurée, on a décidé que les versants de toit excéderaient les murs pignons.

→ On peut esquisser ainsi l'évolution de la charpenterie de toit entre le XVIIIᵉ siècle et le milieu du XIXᵉ siècle : d'abord un simple chevron-arbalétrier (A) ; puis la même pièce, mais terminée par un coyau (B) ; puis un coyau plus important dont le dessous est fermé (C).

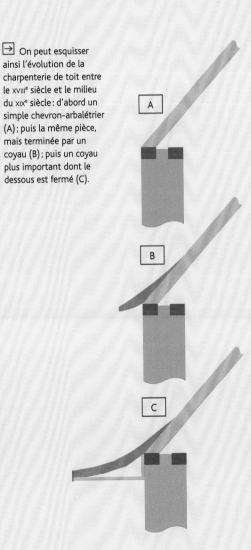

181

10

Toit du XVIIIᵉ ou du XIXᵉ siècle ?

Contrairement à ce qu'on pourrait croire, la transformation des maisons au gré des modes n'est pas propre à notre époque, mais c'est un phénomène assez ancien. À l'île d'Orléans par exemple, des maisons du XVIIIᵉ siècle ont été adaptées au goût du jour au début du XIXᵉ siècle. La modification consistait à enlever les croupes des extrémités du toit et à mettre en place deux pignons pour obtenir une toiture à deux versants. L'objectif était de donner à la maison la silhouette typique du cottage laurentien de la première moitié du XIXᵉ siècle, avec des avant-toits prononcés et recourbés, fermés dans leur partie inférieure par un plafonnement de planches.

Dans les années 1970, quand le sentiment nationaliste était puissant et que l'architecture du XVIIIᵉ siècle symbolisait nos origines françaises, on a souvent redonné à ces maisons leur toiture d'origine. Il s'agit là d'une option parmi d'autres. Aujourd'hui, on juge tout à fait acceptable de conserver la maison dans son état modifié.

→ La maison Lettre-Trudel de l'île d'Orléans en 1971, avant sa restauration.

← ↓ Après des travaux importants, la maison Lettre-Trudel revêt l'apparence que nous lui connaissons aujourd'hui, soit un rectangle de maçonnerie avec toit à deux versants et croupes, avec une grosse cheminée centrale qui émerge du faîte du toit.

11

Agrandir ? Oui, mais...

Une maison ancienne peut-elle être agrandie ? Oui, mais comment ? En règle générale, les nouvelles adjonctions prendront place sur le côté ou à l'arrière du bâtiment principal. Sur le côté, pour respecter le principe de préséance de la façade du corps principal, elles seront légèrement décalées par rapport au bâtiment premier. Leur toit sera à deux versants ou en appentis. Dans tous les cas, les proportions de l'adjonction devront s'harmoniser avec celles du bâtiment principal. Il en va de même avec les matériaux et les couleurs.

⬆ Quand on décide de construire une adjonction, on peut aussi prendre le parti d'une architecture contemporaine. Ce choix est cependant plus délicat et nécessite une plus grande expertise.

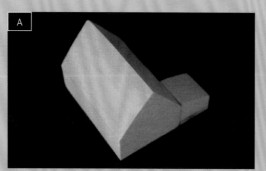

A

B

Dans les maisons les plus anciennes, notamment celles de l'île d'Orléans, une laiterie, ou dépense, prenait place à l'arrière (A) ou sur le côté de la maison (B). Ce principe peut être repris quand on ajoute une adjonction.

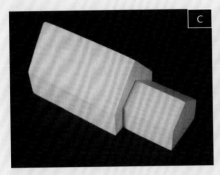

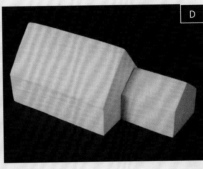

Les maisons de la première moitié du XIXᵉ siècle comportent fréquemment une cuisine d'été latérale (C et D). Cela devrait inspirer ceux qui souhaitent bâtir une adjonction sur le côté, à condition qu'elle soit en retrait et qu'elle s'harmonise avec le corps principal. Cette adjonction peut aussi se retrouver à l'arrière.

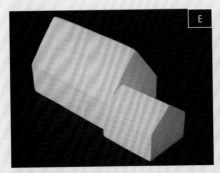

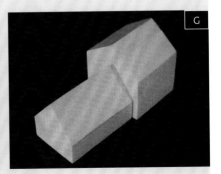

Il faudrait éviter les situations suivantes: une adjonction en saillie par rapport au corps principal (E), ou une adjonction trop volumineuse, trop haute (F) et en saillie par rapport au corps principal (G).

Harmonisez les bâtiments secondaires !

Les bâtiments secondaires, aux fonctions traditionnelles ou modernes, accompagnent souvent une maison ancienne. Il est important que ces bâtiments s'harmonisent par le choix des matériaux et de leur couleur. On aura ainsi avantage à reprendre les couleurs de la maison, ou à utiliser des couleurs qui s'en rapprochent, et à employer des matériaux de revêtement traditionnels. Un bâtiment rectangulaire à toit à deux versants constitue généralement une solution à toutes les situations.

↓ Les bâtiments secondaires recouverts de planches verticales et peints en blanc s'intègrent toujours bien à un bâtiment principal, qu'il soit en maçonnerie recouverte ou non d'un enduit blanc.

↑ Dans cet exemple, on a réussi une harmonisation parfaite entre les bâtiments principal et secondaire. La simplicité et le bon goût sont la règle.

← Dans cet exemple, un garage représentatif des années 1940 accompagne adéquatement une maison du début du XIXᵉ siècle. La Seconde Guerre mondiale marque la fin de cette période dite traditionnelle, axée sur des formes, des proportions et des matériaux hérités du XIXᵉ siècle.

Planches inégales, planches anciennes

Si vous souhaitez conserver à une très vieille maison de bois son apparence ancienne, n'hésitez pas à utiliser des planches de dimensions différentes.

En effet, les planches verticales utilisées autrefois provenaient de troncs d'arbres sciés dont les dimensions variaient aux extrémités. Il y avait le « gros bout » et le « petit bout ». La largeur des planches dépendait aussi de l'endroit du tronc où elles avaient été découpées. Ainsi, deux sources d'inégalités rythmaient le lambrissage des murs extérieurs.

↓ → Voici deux exemples qu'on peut observer sur deux maisons du rang de la Beauce à Calixa-Lavallée. Les inégalités sont frappantes et ont pour effet de briser la monotonie habituelle de ces murs.

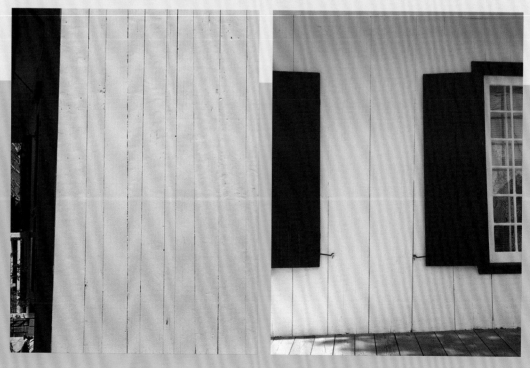

14

Le choix des couleurs... embêtant ?

Quelles couleurs choisir ? Voilà un dilemme fréquent chez les propriétaires de maisons anciennes. Avec raison, puisque ce choix influence largement l'apparence esthétique de la maison. De plus, les propriétaires sont habituellement soucieux de choisir des couleurs appropriées au style de leur maison. Soumises à la mode et aux disponibilités du moment, les couleurs varient au fil des années, mais on peut identifier des tendances en fonction des époques, des styles des maisons et des courants esthétiques. Voici de quoi vous guider dans votre choix de couleurs, à l'aide d'un teintier disponible chez votre marchand de peinture.

Maisons coloniales françaises

Dans ces constructions en bois et en pierre de la fin du XVIIe siècle et du XVIIIe siècle, inspirées de l'architecture provinciale française, la dominante est le blanc (sur les murs) auquel on associe des couleurs primaires pour le découpage des éléments de menuiserie.

Maisons du début du XIXe siècle

Sur ces maisons souvent d'esprit néoclassique, dont le décor s'inspire de l'antiquité classique et des couleurs du marbre, les associations de couleurs primaires avec le blanc sont coutumières, mais les gris et les bleus pâles annoncent les changements de l'ère victorienne.

1675-1800 **1800-1850**

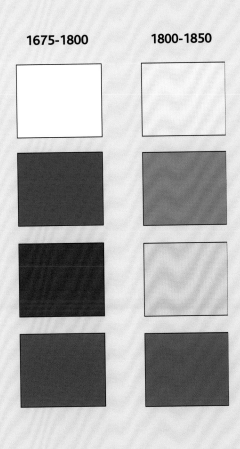

Bibliographie

Calixa-Lavallée : Répertoire d'architecture traditionnelle, Québec, ministère des Affaires culturelles, 1977.

DESROCHERS, Catherine et Rémi LAVOIE. *La maison Lamontagne*, Rimouski, Le site historique de La Maison Lamontagne, 2000.

L'Acadie. Circuit patrimonial, (s.d.), (s.e.).

LAFRAMBOISE, Yves. *L'architecture traditionnelle au Québec. La maison aux XVIIᵉ et XVIIIᵉ siècles*, Montréal, Les Éditions de l'Homme, 1975.

LAFRAMBOISE, Yves. *Notes de recherche en vue du design*, Hull, Musée canadien des civilisations, inédit, 1987.

Les chemins de la mémoire : Monuments et sites historiques du Québec, tome I, Les Publications du Québec, 1990.

Les chemins de la mémoire : Monuments et sites historiques du Québec, tome II, Les Publications du Québec, 1990.

MORISSET, Gérard. *Québec. La maison rurale*, Bureau provincial du tourisme, tiré du *Canadian Geographical Journal*, décembre 1958.

TRAQUAIR, Ramsay et A. G. NEILSON. *Le vieux presbytère de Batiscan : Histoire et architecture*, traduction et adaptation par René Bacon, Trois-Rivières, Éditions du Bien Public, 1982.

Neuville, architecture traditionnelle, Québec, ministère des Affaires culturelles, 1976.

Table des matières

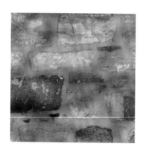

Achevé d'imprimé au Canada
sur les presses de Quebecor World Saint-Jean